道理学理哲理·党的创新理论研究阐释丛书

董振华　主编

实事求是

胡建华　著

目　录

总序　活学活用习近平新时代中国特色社会主义思想
　　　活的灵魂　/ i

第一章　实事求是是马克思主义的根本观点　/ 1
一、实事求是是马克思主义的根本观点　/ 2
二、实事求是是认识世界、改造世界的根本要求　/ 11
三、实事求是是党的基本思想方法、工作方法、领导
　　方法　/ 20

第二章　实事求是是党带领人民不断取得胜利的
　　　　　重要法宝　/ 28
一、新民主主义革命时期实事求是思想路线　/ 28
二、社会主义革命和建设时期实事求是思想路线　/ 37
三、改革开放新时期实事求是思想路线　/ 42
四、中国特色社会主义新时代实事求是思想路线　/ 47

第三章 坚持实事求是,就要正确把握我国基本国情 / 56

一、实事求是地找到符合中国革命实际的正确道路 / 57
二、实事求是地探索中国特色社会主义道路 / 68
三、实事求是地开启新时代中国特色社会主义 / 79

第四章 坚持实事求是,就要为人民利益坚持真理、修正错误 / 95

一、实事求是与人民利益的一致性 / 95
二、坚持实事求是,就要坚持人民至上 / 104
三、坚持真理、修正错误是实事求是思想路线的内在要求 / 112

第五章 坚持实事求是,就要不断推进实践基础上的理论创新 / 118

一、实事求是是毛泽东思想活的灵魂 / 120
二、实事求是是邓小平理论的理论精髓 / 125
三、实事求是是"三个代表"重要思想的理论品格 / 129
四、实事求是是科学发展观的理论特色 / 135
五、实事求是是习近平新时代中国特色社会主义思想的唯物论特质 / 139

目 录

第六章 坚持实事求是，关键要掌握党的创新理论的世界观和方法论 / 146

一、坚持人民至上是新时代践行实事求是思想路线的力量之源 / 147

二、坚持自信自立是新时代践行实事求是思想路线的立根之基 / 152

三、坚持守正创新是新时代践行实事求是思想路线的发展之要 / 156

四、坚持问题导向是新时代践行实事求是思想路线的实践之靶 / 161

五、坚持系统观念是新时代践行实事求是思想路线的统筹之法 / 164

六、坚持胸怀天下是新时代践行实事求是思想路线的世界之维 / 169

第七章 自觉坚定实事求是的信念、增强实事求是的本领 / 172

一、坚定实事求是的信念 / 173

二、树牢实事求是的作风 / 179

三、掌握实事求是的方法 / 186

后 记 / 202

总　序
活学活用习近平新时代中国特色社会主义思想活的灵魂

党的二十大报告指出："马克思主义是我们立党立国、兴党兴国的根本指导思想。实践告诉我们，中国共产党为什么能，中国特色社会主义为什么好，归根到底是马克思主义行，是中国化时代化的马克思主义行。拥有马克思主义科学理论指导是我们党坚定信仰信念、把握历史主动的根本所在。"习近平新时代中国特色社会主义思想是当代中国马克思主义、21世纪马克思主义，是中华文化和中国精神的时代精华，实现了马克思主义中国化新的飞跃。用习近平新时代中国特色社会主义思想武装头脑、指导实践、推动工作，是做好一切工作的重要前提。学懂弄通做实习近平新时代中国特色社会主义思想，至关重要的是要系统掌握贯穿于这一科学理论中的世界观和方法论，用以指导解决改造客观世界和主观世界的实际问题，不断推进和拓展中国式现代化。

一、坚持格物致知，不仅要知其然，更要知其所以然

真学、真懂、真信、真用习近平新时代中国特色社会主义思想，不仅要知其然，更要知其所以然。这个"所以然"，最主要的就是习近平新时代中国特色社会主义思想所蕴含的马克思主义基本立场观点方法。如果不能够完整、系统、深刻地把握习近平新时代中国特色社会主义思想所蕴含的马克思主义立场观点方法，那么，我们就不能真正领悟21世纪马克思主义的精髓要义，也就不能够活学活用习近平新时代中国特色社会主义思想，并以此指导实践和推动工作。

作为当代中国马克思主义、21世纪马克思主义，习近平新时代中国特色社会主义思想既坚守了马克思主义的基本立场观点方法，与马克思列宁主义、毛泽东思想、邓小平理论、"三个代表"重要思想、科学发展观一脉相承，又坚持和运用马克思主义的立场观点方法观察时代、分析问题和解决问题，提出一系列治国理政新理念新思想新战略，实现了马克思主义中国化时代化新的飞跃。深入理解和把握习近平新时代中

国特色社会主义思想，不能浅尝辄止，必须坚持格物致知，做到知其然更知其所以然，既要搞清楚其一脉相承的"脉"，也要搞清楚其与时俱进的"进"。唯有如此，我们才可以从根本上把握好推进马克思主义中国化时代化的守正创新之道。马克思主义是非常朴实的道理，其核心价值追求就是人类解放，其基本内在逻辑就是唯物辩证法，其首要基本观点就是实践观点，三者共同统一于共产党人造福人民的伟大革命实践中。

马克思主义一脉相承的"脉"，是马克思主义唯物辩证法的逻辑和追求人类解放的价值在具体历史实践中的统一，是马克思主义具体历史形态和民族形态"万变不离其宗"的"道理"，也就是马克思主义的基本立场观点方法。与时俱进的"进"是针对具体时代课题，坚持马克思主义的基本立场观点方法，创造性地分析和解决具体问题得出的具体结论。这些具体结论虽然具有一定的历史性、民族性、条件性等具体适用性，但是其中的基本价值、内在逻辑和理论品格是一以贯之的，万变而不离其宗。如果离开这个"道理"，就是离经叛道，无论是打着创新或者发展的名义还是其他什么口号，实际上都是背离、背叛或者歪曲了马克思主义。

马克思主义从来都不是抽象的理论，而是具体的、鲜活的和发展的理论。习近平新时代中国特色社会主义思想，作为马克思主义中国化的最新成果、当代中国马克思主义、21世纪马克思主义，遵循马克思主义人类解放的核心价值、唯物辩证法的基本逻辑、直面问题的实践观点，坚持人民至上的根本立场，坚持守正创新的与时俱进，坚持自信自立的独立自主，坚持问题导向的实践观点，坚持系统观念的思想方法，坚持胸怀天下的人类情怀，把辩证唯物论、唯物辩证法和人民价值论统一到中国特色社会主义伟大实践之中，立足于中国特色社会主义进入新时代的历史方位，基于我国社会主要矛盾变化所带来的一系列新的时代课题，具体问题具体分析，创造性地解决实际问题，旨在实现社会主义现代化和中华民族伟大复兴的中国梦，在改革发展稳定、内政外交国防、治党治国治军等方方面面提出一系列新的思路、新的战略、新的举措，形成了完整系统的科学理论体系，开辟了马克思主义的新境界。

二、坚持得意忘言，不仅要知其言，更要知其义

世界观和方法论是统一的，有什么样的世界观，

就有什么样的方法论。正如毛泽东同志所指出的,"世界本来是发展的物质世界,这是世界观;拿了这样的世界观转过来去看世界,去研究世界上的问题,去指导革命,去做工作,去从事生产,去指挥作战,去议论人家长短,这就是方法论,此外并没有别的什么单独的方法论"。把马克思主义的世界观用于认识和改造世界,就是马克思主义的方法论。习近平新时代中国特色社会主义思想,坚持马克思主义立场观点方法和科学社会主义基本原理,把马克思主义基本原理与中国具体实际相结合、与中华优秀传统文化相结合,坚持人民至上、自信自立、守正创新、问题导向、系统观念、胸怀天下,全面系统回答了新时代坚持和发展中国特色社会主义的一系列重大理论和实践问题,为马克思主义中国化时代化作出了原创性贡献,为我们党和人民认识世界、改造世界提供了强大思想武器,是坚持和运用辩证唯物主义和历史唯物主义的光辉典范。《庄子·外物》有言:"言者所以在意,得意而忘言。"把握好习近平新时代中国特色社会主义思想的世界观和方法论,必须坚持得意忘言,不仅要知其言,更要知其义。

把握好习近平新时代中国特色社会主义思想的世界观和方法论,就要牢牢把握贯穿其中的根本价值立场。人类解放是马克思主义的核心价值追求，人民立场是中国共产党的根本政治立场。人民性是马克思主义的本质属性，作为马克思主义执政党，我们的理论和实践都必须要扎根人民、为了人民、造福人民。坚持人民至上，是习近平新时代中国特色社会主义思想的价值原点，充分体现了马克思主义的核心价值追求，包含了对中国特色社会主义价值取向、发展动力的科学回答和阐述，是对马克思主义唯物史观的创造性运用。坚持自信自立，就要一切为了人民、一切依靠人民，既不走封闭僵化的老路，也不走改旗易帜的邪路，坚定不移走共同富裕的中国式现代化之路。坚持守正创新，就要站稳人民立场、把握人民愿望、尊重人民创造、集中人民智慧，形成为人民所喜爱、所认同、所拥护的理论。坚持问题导向，就要着力解决发展不平衡不充分问题和人民群众急难愁盼问题，推动人的全面发展、全体人民共同富裕取得更为明显的实质性进展。坚持系统观念，就要将广大人民群众的根本利益、全局利益、长远利益作为着力点，以满足人民日益增长的美好生活需要为根本目的进行战略谋划和系统推进。坚持胸怀天下，就不仅要为中国人民谋幸福、为中华民族谋复兴，也要为人类谋进步、为世界谋大同，充分体现马克思主义解放人类的价值理想。

总　序

把握好习近平新时代中国特色社会主义思想的世界观和方法论，就要牢牢把握贯穿其中的唯物辩证法。唯物辩证法是我们观察世界、判断形势、认识问题的基本方法，也是习近平新时代中国特色社会主义思想所贯穿的根本方法论。习近平总书记指出："唯物辩证法认为，事物是普遍联系的，事物及事物各要素相互影响、相互制约，整个世界是相互联系的整体，也是相互作用的系统。坚持唯物辩证法，就要从客观事物的内在联系去把握事物，去认识问题、处理问题。"坚持人民至上，就要统筹兼顾全局和局部、当前和长远、重点和非重点等各个方面的利益关系，让发展的成果更加全面、更加公平、更加长久地惠及全体人民。坚持自信自立，就要坚持和运用马克思主义的立场观点方法独立自主地解决自己的问题，把国家和民族发展放在自己力量的基点上，充分体现马克思主义具体问题具体分析的活的灵魂。坚持守正创新，就要坚持守正和创新辩证统一，既要守马克思主义基本立场观点方法之"正"，又要创中国化时代化的马克思主义之"新"，既确保正确方向，又不封闭僵化。坚持问题导向，就要承认矛盾的普遍性、客观性，要善于把认识和化解矛盾作为打开工作局面的突破口。坚持系统观念，就要善于通过历史看现实、透过现象看本质，把握好全局和局部、当前和长远、宏观和微观、主要矛盾和次要矛盾、特殊和一般的关系，不断提高战略思维、历史思维、辩证思维、系统思维、创新思维、法治思维、底线思维能力，为前瞻性思考、全局性谋划、整体性推进党和国家各项事业提供科学思想方法。坚持胸怀天下，就必须统筹国内国际两个大局，既要为我国改革发展稳定争取良好外部条件，又要维护世界和平稳定、促进共同发展，共同创造人类的美好未来。

把握好习近平新时代中国特色社会主义思想的世界观和方法论，就要牢牢把握贯穿其中的实践观点。实践的观点、生活的观点是马克思主义首要的基本的观点，实践性是马克思主义理论区别于其他理论的显著特征。习近平新时代中国特色社会主义思想同样具有实践性、时代性、创造性的鲜明品格，是从新时代中国特色社会主义全部实践中产生的理论结晶，是推动新时代党和国家事业不断向前发展的科学指南。坚持人民至上，不是抽象的而是具体的、实践的，必须坚持全心全意为人民服务，始终致力于改善民生、增进人民福祉、为人民谋幸福，将实现最广大人民的根本利益作为党一切行动的出发点和落脚点。坚持自信自立，就要坚定中国特色社会主义道路自信、理论自信、制度自信、文化自信,在中国特色社会主义的伟大实践中不断提高我国社会生产力发展水平和人民生活水平,使我国社会主义制度的优越性不断显现和丰富起来,使中国特色社会主义道路越走越宽广。坚持守正创新,就要坚持对马克思主义的坚定信仰、对中国特色社会主义的坚定信念,以更加积极的历史担当和创造精神,为坚持、发展和运用马克思主义作出新的贡献。坚持问题导向,就要增强问题意识,聚焦实践遇到的新问题、改革发展稳定存在的深层次问题、人民群众急难愁盼问题、国际变局中的重大问题、党的建设面临的突出问题,不断提出真正解决问题的新理念新思路新办法。坚持系统观念,必须统筹兼顾、综合施策,既以目标为着眼点,又以问题为着力点,加强前瞻性思考、全局性谋划、战略性布局、整体性推进,统筹推进"五位一体"总体布局、协调推进"四个全面"战略布局,更好推动党和国家事业发展。坚持胸怀天下,就要始终坚持维护和平、促进共同发展的外交政策宗旨,以实际行动致力于推动构建人类命运共同体。

实践没有止境,理论创新也没有止境。我们要突破前人,后人也必然会突破我们,这是社会前进的必然规律。马克思主义是随着时代、实践、科学发展而不断发展的开放的理论体系,它并没有结束真理,而是开辟了通向真理的道路。中国特色社会主义还会往前走,还会有很多新的理论、新的发展,我们要把坚持马克思主义和发展马克思主义统一起来,结合新的实践不断作出新的理论创造。学习贯彻习近平新时代中国特色社会主义思想党的创新理论,就要深刻理解把握其世界观和方法论,坚持好、运用好贯穿其中的立场观点方法,深入领会坚持人民至上、坚持自信自立、坚持守正创新、坚持问题导向、坚持系统观念、坚持胸怀天下的道理学理哲理,做到知其言更知其义,切实把党的创新理论贯彻落实到党和国家工作各方面全过程。

三、坚持知行合一,不仅要知其道,更要行其道

"知而不行,只是未知。"理论武装归根到底是为了掌握科学方法,有效解决问题。我们坚持以马克思主义为指导,是要运用其科学的世界观和方法论解决中国的问题,而不是要背诵和重复其具体结论和词句,更不能把马克思主义当成一成不变的教条。毛泽东同志在《整顿党的作风》中指出:我们"不应当把马克

思主义的理论当成死的教条。对于马克思主义的理论，要能够精通它、应用它，精通的目的全在于应用"。坚持用中国化时代化的马克思主义武装头脑、指导实践、推动工作，落脚点在指导实践、推动工作；学懂弄通做实，落脚点在做实。我们要牢记空谈误国、实干兴邦的道理，坚持知行合一，不仅要知其道，更要行其道，坚持科学的世界观和方法论，系统推进和拓展中国式现代化。

处理好顶层设计和实践探索的关系。推进中国式现代化涉及政治、经济、社会、文化、生态等各个领域，事关改革、发展、稳定等根本问题，涵盖治党治国治军、内政外交国防等方方面面，各个方面的关系纷繁复杂，往往牵一发而动全身，因此必须进行顶层设计，深刻洞察世界发展大势，准确把握人民群众的共同愿望，深入探索经济社会发展规律，使制定的规划和政策体系体现时代性、把握规律性、富于创造性，做到远近结合、上下贯通、内容协调。推进中国式现代化是一个探索性事业，还有许多未知领域，需要我们在实践中大胆探索，通过改革创新来推动事业发展，决不能刻舟求剑、守株待兔。既要通过顶层设计进行系统谋划、战略布局和整体推进，又要调动一切积极因素从而群策群力、积极探索和创新实践，使顶层设计与基层探索良性互动、有机结合，形成历史合力。

处理好战略和策略的关系。战略问题是一个政党、一个国家的根本性问题。中国式现代化必须坚持正确的战略方向，在根本问题上决不能出现颠覆性错误。推进中国式现代化，要增强战略的前瞻性，准确把握事物发展的必然趋势，敏锐洞悉前进道路上可能出现的机遇和挑战，以科学的战略预见未来、引领未来。要增强战略的全局性，谋划战略目标、制定战略举措、作出战略部署，都要着眼于解决事关党和国家事业兴衰成败、牵一发而动全身的重大问题。我们要增强战略的稳定性，战略一经形成，就要长期坚持、一抓到底、善作善成，不要随意改变。中国式现代化是一项伟大的具体的历史实践，必须在策略问题上落到实处，决不能纸上谈兵。我们要把战略的坚定性和策略的灵活性结合起来，灵活机动、随机应变、临机决断，在因地制宜、因势而动、顺势而为中把握战略主动。

处理好守正和创新的关系。"守正"，即坚持马克思主义基本原理不动摇，坚持党的全面领导不动摇，坚持中国特色社会主义不动摇，守好中国式现代化的本和源、根和魂，毫不动摇坚持中国式现代化的中国特色、本质要求、重大原则，确保中国式现代化的正确方向。"创新"，即顺应时代发展要求，着眼于解决重大理论和实践问题,积极识变应变求变,大力推进改革创新,提出新的思路、新的战略、新的举措,不断塑造发展新动能新优势,充分激发全社会创造活力。中国式现代化是前无古人的伟大事业,守正才能不迷失方向、不犯颠覆性错误,创新才能把握时代、引领时代。

处理好效率和公平的关系。中国式现代化是全体人民共同富裕的现代化,这是由社会主义的根本价值追求所决定的。以中国式现代化全面推进中华民族伟大复兴,我们必须坚持以人民为中心的发展思想,维护人民根本利益,增进民生福祉,推动全体人民共同富裕取得更为明显的实质性进展。中国式现代化既要创造比资本主义更高的效率,又要更有效地维护社会公平,更好实现效率与公平相兼顾、相促进、相统一。我们要处理好效率与公平的关系,不断实现发展为了人民、发展依靠人民、发展成果由人民共享,让现代化建设成果更多更公平惠及全体人民。

处理好活力与秩序的关系。中国式现代化,应该既充满活力又拥有良好秩序,呈现出活力和秩序的有机统一。秩序代表着社会的有序、和谐与稳定,而活力则蕴含社会生活的丰富多样性,是社会各群体创造力的竞相迸发和个人潜力的充分发挥,体现了人类社会进步的动力与人类文明的可持续性。这是需要我们通过深化改革与社会公平的激励机制来实现的,从而最大限度地增加和谐因素,最大限度地减少不和谐因素,最大限度地激发社会活力。同时,我们要统筹发展和安全,贯彻总体国家安全观,健全国家安全体系,增强维护国家安全能力,坚定维护国家政权安全、制度安全、意识形态安全和重点领域安全,确保发展的稳定环境。

习近平新时代中国特色社会主义思想,蕴含着丰富的马克思主义哲学智慧。习近平新时代中国特色社会主义思想,坚持马克思主义立场观点方法和科学社会主义基本原理,把历史和现实、理论和实践、国内和国际相结合相贯通,思接千载、视通万里,洞察和分析世情、国情、党情的深刻变化,全面系统回答了新时代坚持和发展中国特色社会主义的一系列重大理论和实践问题,集中体现了这一思想在马克思主义基本原理与中国具体实际相结合上的又一次飞跃,为发展马克思主义作出了原创性贡献,为我们党和人民认识世界、改造世界提供了强大思想武器,是坚持和运用辩证唯物主义和历史唯物主义的光辉典范。党员、干部特别是领导干部要认真学习和真正掌握其中所蕴含的马克思主义立场观点方法,不断提高运用中国化时代化的马克思主义分析和解决实际问题的能力,自觉用习近平新时代中国特色社会主义思想武装头脑、统一思想、凝聚力量、推动实践,以中国式现代化实现中华民族伟大复兴,真正创造出属于我们这一代人的新的奇迹。

这是一个需要理论而且能够产生理论的时代,是一个呼唤创新而且能够创新的时代,是一个能够追求真理和实践真理的时代。中国特色社会主义是前无古人的伟大事业,坚持和发展中国特色社会主义是永无止境的伟大实践,不断开辟马克思主义中国化时代化新境界和中国特色社会主义事业新局面是中国共产党人的神圣使命。我们要以科学的态度对待科学、以真理的精神追求真理,继续推进实践基础上的理论创新,把握好习近平新时代中国特色社会主义思想的世界观和方法论,坚持好、运用好贯穿其中的立场观点方法,在伟大实践中充分彰显真理的力量。作为理论工作者,系统阐释习近平新时代中国特色社会主义思想活的灵魂和精髓要义,是我们义不容辞的责任和神圣使命担当。我们深深呼吸着伟大的时代气息,怀着强烈的使命感和责任感,约请理论界知名专家学者共同研究这一重大课题,以"道理学理哲理·党的创新理论研究阐释"为主题组织编写了这套丛书,以期通过全面深

实事求是

刻系统学习领悟二十大精神和活学活用习近平新时代中国特色社会主义思想的活的灵魂,为坚定理想信念、掌握科学方法、凝聚磅礴伟力、推进伟大事业,尽一份绵薄之力。

董振华

中央党校(国家行政学院)哲学教研部副主任、教授

第一章　实事求是是马克思主义的根本观点

"实事求是"最初出现于东汉史学家班固撰写的《汉书·河间献王传》，班固评价汉景帝第二子河间献王刘德"修学好古，实事求是"。在新民主主义革命时期，毛泽东同志在《改造我们的学习》这篇文章中，对"实事求是"作出如下解释："'实事'就是客观存在着的一切事物，'是'就是客观事物的内部联系，即规律性，'求'就是我们去研究。"[1] 建党百年来，中国共产党不懈奋斗，依靠实事求是不断发展壮大。习近平总书记指出："实事求是，是马克思主义的根本观点，是中国共产党人认识世界、改造世界的根本要求，是我们党的基本思想方法、工作方法、领导方法。"[2] 建党百年的历史实践反复彰显：坚持实事求是就能兴党兴国，而违背实事求是将会误党误国，甚至危害党

---

[1] 《毛泽东选集》第三卷，人民出版社1991年版，第801页。
[2] 《习近平谈治国理政》，外文出版社2014年版，第25页。

和国家的事业。在这个意义上,深刻领悟实事求是是马克思主义的根本观点,深刻把握实事求是的思想方法、工作方法及领导方法,对深刻理解马克思主义、推进马克思主义中国化时代化、推进中华民族伟大复兴,具有无比重大的意义和价值。

一、实事求是是马克思主义的根本观点

实事求是,彰显着辩证唯物主义与历史唯物主义的世界观和方法论,彰显着马克思主义的立场观点方法,深刻体现了马克思主义的根本要求。

(一)实事求是是马克思主义唯物论的根本要求

按照马克思主义唯物论的基本观点,世界是物质的,物质是第一性的,而意识是第二性的。这说明,物质是世界的本原和基础,而人的意识或者人的思想其实都是物质派生出来的。也就是说,思想不过是对现实的客观物质世界的反映。此外,马克思主义还主张物质是运动、变化、发展的,而空间与时间是物质存在的方式。马克思主义唯物论要求人们在认识世界与改造世界的过程中,要把物质看作第一性的,而不能看作第二性的,它是客观的,这种客观性是不以任

何人的主观意志为转移的，更不是以神的意志为转移的。因此，要制定出正确的路线、方针、政策，就必须如实地反映客观世界的实际情况，不断推动主观认识与客观实际相符，进而制定出符合实际的科学的步骤、计划、方略。此外，在时间和空间中，客观的物质世界是运动的、发展的，因而人的思想与行动就应该以时间、地点、条件等具体因素为转移。这意味着，我们要从动态过程来把握事物的发展。也就是说，要实事求是地反映事物的本来面貌，客观地反映事物的运动变化和发展，使主观和客观、思想和实际相符，真正实现主观认识与客观实际的高度统一。只有这样，才能真正做到实事求是，才能科学有效地调整实践过程中的计划与方法，最终实现对客观世界的有效改造。

（二）实事求是是辩证唯物主义认识论的根本要求

中国共产党实事求是思想路线的认识论基础是马克思主义认识论，也就是说，实事求是思想路线是在实践中对马克思主义认识论的具体运用。马克思主义认识论主张实践是第一的观点，而实事求是与实践第一的观点是高度一致的。在实践中，实事求是要求人们科学地把握客观世界的真实情况，遵循事物变化发展的基本规律。按照毛泽东同志的看法,"实事"和"是"指的是事物及其规律的客观性,而"求"指的是要发挥主观能动性以探索客观规律。事实上,实事求是四个字分别具有不同的内涵,但又是一个有机联系的整体。实事求是从"实事"这个基点出发,立足于"是",而致力于"求",深刻地反映了尊重客观规律和发挥主观能动性的高度结合及统一。从真理与实践的关系来看,在人类的实践活动中,实践的过程也是发展真理的过程,人们在实践中不断地检验真理和发展真理,更重要的是,实践是检验真理的唯一标准。事实上,只有坚持把实践作为检验真理的唯一标准,我们才能真正做到实事求是。在实践中,人们是否真的做到实事求是,只能通过具体的社会实践来证明,也就是说通过具体实践的结果来加以验证。这充分说明,如果我们离开了实践这一客观标准,既无法判明是非,也谈不上实事求是。此外,人们在实践中所获得的认识是不是符合或者正确反映了客观事物的基本规律,人们所获得的认识有多少真理性,这些也应该由实践来进行验证。只有在实践的过程中,人们所获得的认识才能被证实为正确的,也才能纠正错误的认识,进而使不够全面的认识得到丰富和发展。需要注意的是,人们对客观事物的认识不是一蹴而就的,而

第一章　实事求是是马克思主义的根本观点

是存在着一个不断深化的认识过程，这意味着实事求是也是一个不断深化的过程，不可能通过一次认识就能够达到，而是要随实践的深化不断丰富和发展。马克思主义认识论强调实践、认识、再实践、再认识的过程，实事求是充分体现了马克思主义认识论的基本原理。

（三）实事求是是马克思主义实践观的根本要求

实践的观点是马克思主义首要的和基本的观点。马克思主义主张，全部社会生活在本质上是实践的，实践在人类社会历史中具有前提性、基础性的地位。在《德意志意识形态》中，马克思、恩格斯这样论述："意识在任何时候都只能是被意识到了的存在，而人们的存在就是他们的现实生活过程。"[1] 也就是说，一方面，人的意识和思维其实源于客观存在，而不能违背客观存在；另一方面，人的意识对客观存在具有反作用。需要注意的是，正确的认识是对客观世界的反映，那些错误的认识或怪异的观念其实也是对外部世界的主观反映，"如果在全部意识形态中，人们和他们的关系就像在照相机中一样是倒立成像的，那么这种现象

---

[1] 《马克思恩格斯文集》第一卷，人民出版社2009年版，第525页。

也是从人们生活的历史过程中产生的"①。

从唯物主义的立场来看,人的意识以客观物质为基础,而人的实践活动以外部存在为条件。也就是说,任何事情都必须坚持唯物主义的立场,做到一切从实际出发,实事求是,对待任何工作都不能主观臆断。更重要的是,实事求是是马克思主义的理论精髓。这意味着,人们在进行实践活动时,必须立足于具体的客观实际,从客观实际出发,要避免先入为主或一成不变。因此,以实践观点为基础的实事求是,是马克思主义哲学的基本观点,同时也是人们在实践活动中必须遵循的基本原则。

马克思于1845年春完成了《关于费尔巴哈的提纲》。这部被誉为"包含着新世界观的天才萌芽的第一个文件",之所以在马克思主义哲学史中占据极其重要的地位,主要原因就在于深刻阐明了实践的观点,即确立了科学的实践观。事实上,实践的观点是马克思批判唯心主义与旧唯物主义的重要思想武器,马克思强调:"从前的一切唯物主义(包括费尔巴哈的唯物主义)的主要缺点是:对对象、现实、感性,只是从客体的或者直观的形式去理解,而不是把它们当做感性

---

① 《马克思恩格斯文集》第一卷,人民出版社2009年版,第525页。

的人的活动,当做实践去理解,不是从主体方面去理解。"[1] 这意味着,与唯心主义和旧唯物主义不同,马克思主义哲学从实践来理解人的感性活动,把实践的观点作为活动的根本指导原则。

实践是人的实践,人是实践的主体。也就是说,实践是人们改造客观世界的有意识的活动,它体现着人的社会关系。从实践的社会性来看,实践的主体是人。人的活动从来就不是个体的、孤立的活动,人的活动具有群体性的特征,是一种存在于社会关系中的活动。从人的实践活动来看,人类社会的第一个历史活动是物质生产活动,人类社会在物质生产活动中形成了各式各样的社会关系,而人的实践活动必然离不开这些社会关系而展开。马克思主义主张,人的本质是社会关系的总和。人类的历史发展与社会变迁基于以人为主体的实践,是由人的实践所推动的。人在实践基础上形成了各种社会关系。从本质来看,人的本质就是人和人之间的社会关系之总和。这意味着,我们只有把人的本质理解为一切社会关系的总和,才能真正把握和理解人的真实本质,也才能真正破解人类社会的发展之谜与历史之谜。

---

[1] 《马克思恩格斯文集》第一卷,人民出版社 2009 年版,第 499 页。

马克思主义主张，实践是检验真理的唯一标准。在马克思主义诞生前，西方一些哲学流派也承认真理的客观性，但是无法说清楚真理的标准。马克思主义从实践的观点出发，阐明了实践是检验真理的唯一标准，确立了科学的真理观。马克思、恩格斯强调："人的思维是否具有客观的真理性，这不是一个理论的问题，而是一个实践的问题。人应该在实践中证明自己思维的真理性，即自己思维的现实性和力量，自己思维的此岸性。关于思维——离开实践的思维——的现实性或非现实性的争论，是一个纯粹经院哲学的问题。"[1] 这意味着，实现客观存在和主观认识之间的有效连接需要靠实践，实践是一个桥梁，只有通过实践才能检验主观认识与客观存在是否相符合。换句话说，只有通过人的实践活动才能证明人的主观认识是否正确反映了客观存在。反之，西方哲学尤其是纯粹的经院哲学以抽象的理论来为宗教神学进行哲学论证，这种从理论到理论的论证方式不但直接割裂了认识与现实的内在联系，其实也间接否定了实践的基础性作用。

（四）实事求是是唯物辩证法的根本要求

唯物辩证法主张，世界上的万事万物既是普遍联

---

[1] 《马克思恩格斯文集》第一卷，人民出版社 2009 年版，第 500 页。

系的,也是永恒发展的,而且事物的普遍联系和发展都是客观的,我们不能以主观想象的联系来替代客观真实的联系。同时,普遍联系的观点意味着任何联系都是在一定条件下的具体联系,事物间的联系具有特定的时间和地点,因而任何联系都是具体而特定的联系。联系的普遍性呈现了世界的丰富多彩和多样性。同时,从辩证法的视角来看,普遍联系的事物是矛盾的,这也要求人们秉持实事求是的态度承认矛盾的客观性。一方面,决不能掩盖矛盾或回避矛盾;另一方面,也不能主观地缩小矛盾或夸大矛盾。这意味着,我们要承认矛盾的客观性,不能人为地创造矛盾,要真正以客观的、正确的态度来分析矛盾。世界上一切事物的矛盾既有普遍性,同时也有特殊性。矛盾的普遍性要求我们承认矛盾的客观性,矛盾的特殊性要求我们应该具体问题具体分析,即实事求是地根据实际情况分析矛盾的特殊性,进而做到一切工作都从实际出发。

事实上,不同性质的矛盾具有不同的特点,即使是同一矛盾在不同发展阶段也有不同的特点。因此,应当根据矛盾所处实际阶段并结合实际情况,找到解决具体矛盾或解决矛盾主要方面的正确方法和途径,进而推动事物在矛盾中不断地向前发展。

（五）实事求是是历史唯物主义的根本要求

历史唯物主义是马克思主义关于人类社会历史发展一般规律的科学，是看待人类社会历史的科学方法。历史唯物主义强调，社会存在决定社会意识，而社会意识对社会存在具有反作用。在人类社会历史发展中，社会基本矛盾是社会发展的基本动力。此外，历史唯物主义还主张，人类社会同客观的自然界一样是一个客观的自然历史过程。这意味着，人类社会历史发展是客观的，是不以人的主观意志或思想为转移的。这就对我们在研究社会历史问题时提出了明确的要求，要正确认识和把握人类社会历史发展的客观规律。

人是社会历史活动的主体，这意味着人在参与社会历史活动时是有目的的、有意识的，但这并不会否定或者抹杀社会历史发展的客观规律性。按照历史唯物主义的基本原理，在实践中应该遵循生产关系一定要适合生产力的规律，遵循上层建筑一定要适合经济基础的规律，要做到按规律办事，做到实事求是，否则将会受到客观规律的惩戒。

因此，在推进新时代中国特色社会主义现代化的过程中，必须从中国的具体国情和实际情况出发，把马克思主义普遍原理同新时代中国特色社会主义现代

第一章 实事求是是马克思主义的根本观点

化建设的具体情况紧密地结合起来,从实际出发,坚持人民群众创造历史的观点,坚持群众路线,相信群众、依靠群众,尊重群众的首创精神,真正做到实事求是。邓小平同志强调:"一个党,一个国家,一个民族,如果一切从本本出发,思想僵化,迷信盛行,那它就不能前进,它的生机就停止了,就要亡党亡国。这是毛泽东同志在整风运动中反复讲过的。只有解放思想,坚持实事求是,一切从实际出发,理论联系实际,我们的社会主义现代化建设才能顺利进行,我们党的马列主义、毛泽东思想的理论也才能顺利发展。"[①] 如果不坚持实事求是,就违背了辩证唯物主义和历史唯物主义的基本原理,就会陷入唯心主义与形而上学。因此,推进新时代中国特色社会主义现代化建设,坚持实事求是在理论和实践两个方面都具有重大的意义,我们要始终做到坚持实事求是。

二、实事求是是认识世界、改造世界的根本要求

马克思主义是科学的世界观和方法论。实事求是

[①] 《邓小平文选》第二卷,人民出版社1994年版,第143页。

· 实事求是

充分彰显了马克思主义所蕴含的立场观点方法，是人认识世界、改造世界的根本要求。如果从人与其他客观事物的区别来看，人具有双重性，既是物质性的存在，同时也是精神性的存在。但需要注意的是，人与自然界其他事物是不同的，主要区别在于人具有理性思维，而其他事物仅是客观的存在。问题是，人与客观世界之间的联系靠什么？其实靠的是实践。值得思考的是，在实践中人类的主观意志和客观世界在内容上如何实现同一性？这就需要在实践中运用科学的运行机制。只有准确遵循和把握实践的运行机制，才可能实现主观与客观、思维与存在的同一性。马克思主义强调，实践是人认识世界和改造世界的起点，人总是以实践作为认识世界和改造世界的基础。一方面，实践的主体是人，人在实践中是以思维的视角来切入的，因而实践是人有目的的活动；另一方面，人作为实践的主体，在实践过程中不断把握和运用客观世界的内在规律，并以此作为思考和理解现实世界的方法、规则和途径。因此，人在实践的过程中必然要遵循实事求是的原则和方法，而实事求是是中国共产党人在马克思主义中国化过程中总结和凝练出来的重要原则和方法。实践作为人认识世界、改造世界的根本要求，可以从以下几个方面来加以理解。

第一章　实事求是是马克思主义的根本观点

（一）从客观实际出发是认识世界、改造世界的起点

一切从实际出发是实事求是的基本要求。从理论和实际这两者的关系来看，实事求是突出强调的是实际是第一位，而把理论置于第二位。事实上，人的思想来源于客观世界，而非来源于主观的抽象，这是马克思主义的重要主张。毛泽东同志指出："马克思主义叫我们看问题不要从抽象的定义出发，而要从客观存在的事实出发，从分析这些事实中找出方针、政策、办法来。"[①] 在《人的正确思想是从哪里来的?》一文中，毛泽东同志指出："人的正确思想，只能从社会实践中来，只能从社会的生产斗争、阶级斗争和科学实验这三项实践中来。……无数客观外界的现象通过人的眼、耳、鼻、舌、身这五个官能反映到自己的头脑中来，开始是感性认识。这种感性认识的材料积累多了，就会产生一个飞跃，变成了理性认识，这就是思想。"[②] 事实上，从感性认识到理性认识有一个过程，而实践是沟通这两者的基础。从中国共产党的百年奋斗历程来看，在社会主义革命和建设时期我们党所犯的一些失误，很大一部分原因

[①]《毛泽东选集》第三卷，人民出版社1991年版，第853页。
[②]《毛泽东文集》第八卷，人民出版社1999年版，第320页。

是超越了社会主义初级阶段这一具体国情，没有坚持从客观实际出发来提出路线方针政策。因此，在认识世界和改造世界的过程中，要坚持一切从实际出发的理念。

（二）认识世界、改造世界要从实际的"全部"出发

从实际出发所讲的"实际"指的是全部的实际情况，而不是个别的实际，也不是片面的实际。如果从片面的实际出发，就会导致主观主义。值得注意的是，"实际"除了要包含客观的实际情况之外，也要考虑现实中的人。人是实践的主体，人在实践的过程中有自身的立场、愿望、知识、情感、价值观等，如果在实践中排除掉主体，主张单纯从客体实际情况出发，结果仍然有可能事与愿违，进而导致主观主义。"我们从事实际工作的同志，如果误用了他们的经验，也是要出毛病的。不错，这样的人往往经验很多，这是很可宝贵的；但是如果他们就以自己的经验为满足，那也很危险。他们须知自己的知识是偏于感性的或局部的，缺乏理性的知识和普遍的知识，就是说，缺乏理论，他们的知识也是比较地不完全。而要把革命事业做好，没有比较完全的知识是不行的。"[1] 需要注意的是，如

---

[1] 《毛泽东选集》第三卷，人民出版社1991年版，第818页。

果远离客观实际，把自己"亲身经历""亲眼所见""亲耳所闻"得来的东西，或把自己的主观认识和主观体验视为最真实或者最可靠的东西，为自己的一孔之见、一得之功而沾沾自喜，并将主观认识作为自己实践的基本依据，通常会导致狭隘的经验主义。

（三）认识世界、改造世界要坚持主体与客体的高度统一

从实际出发认识世界和改造世界，意味着对世界的认识要处理好理想和现实、应然和本然、合目的性和合规律性、真善美等之间的相互关系。真正做到从实际出发，其中关键的一点就在于分析主观和客观、主体和客体相统一的具体条件，一切工作要以时间、地点、条件等相关因素为转移，要与时俱进地研究新问题和新情况。事实上，随着时间变化、地点变化，事物所蕴含的矛盾也会出现新的变化，而面对这种变化，人的认识也应不断随之丰富、完善、深化。人对世界的认识应该始终跟上时代的变迁。事实上，也只有跟上时代的变迁，我们才能真正把握和解决时代所面临的实际问题。换言之，实践无止境，认识也无止境，认识不是一劳永逸的。在这个过程中，人的认识会不断突破原有的认识，这个突破需要思想的解放。

如果不解放思想，让思想处于僵化的状态，而热衷于搞本本主义、教条主义，那就根本无法真正做到一切从实际出发。需要注意的是，实际情况到底怎样，这是需要人去把握的，而要把握这个实际情况，除了接触实际、感知实际，别无他途。在认识世界的过程中，要对客观事物深入研究和分析才能看得通透。就工作方法而言，就是通过具体的实践，不断深入了解现实和掌握现实。毛泽东同志在《实践论》中系统阐述了人获得正确认识的方式方法："人的认识，主要地依赖于物质的生产活动，逐渐地了解自然的现象、自然的性质、自然的规律性、人和自然的关系；而且经过生产活动，也在各种不同程度上逐渐地认识了人和人的一定的相互关系。一切这些知识，离开生产活动是不能得到的。"[①] 认识世界和改造世界也要遵循这样的方式来展开。

（四）认识世界和改造世界必须坚持解放思想

只有做到解放思想，才能真正做到实事求是。邓小平同志指出："我们讲解放思想，是指在马克思主义指导下打破习惯势力和主观偏见的束缚，研究新情况，

---

① 《毛泽东选集》第一卷，人民出版社1991年版，第282—283页。

第一章 实事求是是马克思主义的根本观点

解决新问题。"[1] 从辩证法的维度来观察，解放思想要正确处理新旧观念之间的关系，敢于创新，善于打破陈旧落后的观念。因此，解放思想要正确处理好"破"和"立"之间的辩证统一关系。从两者的内在联系来看，解放思想和实事求是是一个有机联系的统一体。一方面，实事求是需要解放思想，实事求是的过程其实就是解放思想的过程。实际上，僵化的思想观念与既定的思维范式是难以做到与客观实际相符合的，而按僵化的思想办事是背离实事求是精神的。解放思想指的是在实践中把人从陈旧的观念中解放出来，进而实现主客观的统一，不断推动思想与客观实际相符合。另一方面，解放思想以实事求是为前提。从实事求是的思想路线来看，如果我们无法做到解放思想，那么就会陷到经验主义和教条主义之中，可能导致陈旧的思想束缚实践，那样就不可能真正做到实事求是。

值得注意的是，实事求是既不是抽象的思想原则，也不是简单的行动原则，而是一个复杂的实践过程，它是一个较容易受到主观因素制约与影响的过程。在马克思主义中国化的过程中，解放思想、实事求是的

---

[1]《邓小平文选》第二卷，人民出版社1994年版，第279页。

思想路线在中国共产党百年奋斗历程中发挥了极为重要的作用。从中国共产党百年奋斗历程来看，党的伟大实践一再证明，中国革命、建设、改革的成功推进，都与坚持解放思想、实事求是存在着非常紧密的联系。因此，我们开创一切工作要以解放思想作为首要前提，解放思想是解放生产力和发展生产力的总开关，也是解放和增强社会活力的总按钮。在实践过程中，这意味着我们不应被所谓权威的真理或条条框框所束缚，要善于以创新思维打破陈旧的观念，以思想工作的大解放促进工作的大发展。

（五）认识世界、改造世界要掌握方式方法

认识世界、改造世界要把握事物的本质，对本质的把握要坚持实事求是，深入把握事物的本来面貌。实事求是是马克思主义的根本观点，蕴含着认识世界的基本态度，是我们改造世界的方法论前提。中国共产党作为马克思主义政党，在实践的过程中应当不断推进马克思主义中国化时代化，对马克思主义要在真学、真懂、真信、真用上下功夫，真正做到坚持一切从实际出发，实事求是地认识世界、改造世界，不断将解放思想、实事求是的世界观及方法论学思践悟，真正做到内化于心、外化于行。

第一章　实事求是是马克思主义的根本观点

回顾中国共产党的百年奋斗历程，我们党所取得的一切成就，都是在坚持实事求是的基础上实现的；我们所经历的重大挫折和磨难，无一不是背离实事求是而导致的。进入新时代，国内国际形势纷繁复杂，面对新情况新问题，广大党员领导干部要始终坚持实事求是，只有把握解放思想、实事求是的思想方法与工作方法，才能不断克服困难、推动工作。做到实事求是，就要真正透过现象看本质，要善于从纷繁复杂的现象中挖掘出事物内在的必然联系。要从客观事物所蕴含的客观规律出发，在实践的过程中按照客观规律办事。具体到改革实践中，只有实事求是才能破解改革发展稳定中所遇到的各种问题，进而做到成竹于胸、谋定后动。因此，在认识世界、改造世界的过程中，我们必须弄清楚什么是"实事"，如何去"求是"。

实事求是作为马克思主义的精髓，是一个永无止境的过程。在这个过程中，要走群众路线，树立群众观点，始终坚持"从群众中来，到群众中去"，深入基层做好调查研究，认真倾听人民呼声、了解人民期盼、关注人民需求，要自觉向人民群众学习，拜人民群众为师。"理论一经掌握群众，也会成为物质力量。"[①]

[①]《马克思恩格斯全集》第一卷，人民出版社1956年版，第460页。

理论如果没被人民所掌握，那么就只是空洞的；只有真正为人民所认可、所掌握的理论，才能转化为改造世界的物质力量。在实践工作中，坚持解放思想、实事求是，从方法论的角度来看，就是勇于坚持与时俱进、改革创新，在创新中谋发展、谋未来。

三、实事求是是党的基本思想方法、工作方法、领导方法

实事求是是中国共产党的基本思想方法、工作方法、领导方法，是我们党一以贯之的思想路线，实事求是作为方法，是对马克思主义世界观和方法论的高度浓缩与概括。实事求是、一切从实际出发、理论联系实际充分彰显了马克思主义理论与方法的辩证统一。也就是说，实事求是是马克思主义世界观与方法论的高度统一。一方面，方法论以规律性的知识为基础，方法是在实践过程中对客观规律的实际运用，但归根结底，所有的方法都要受一定的世界观支配与约束。事实上，并不存在一种和世界观相背离、相分裂的方法论。另一方面，虽然方法受世界观支配，但方法也影响甚至能改变一定的世界观。换言之，世界观归根结底要转化为一定的方法论。通常而言，哲

第一章 实事求是是马克思主义的根本观点

学世界观对人的实践活动的指导是间接的,但方法论对人的实践活动的指导是比较直接的。在这个意义上,我们可以说,方法论是世界观的生命力所在。方法论是联结世界观与人们现实利益的紧密桥梁,因为一定的世界观是否为人们所接受,归根结底要看受其制约的方法论能在多大程度上为人们解决现实难题。

实事求是作为思想方法与工作方法,在实践过程中,是对所认识到的规律进行的自觉运用,也就是一个把理论不断转化为行动的过程。从党的百年奋斗历程来看,毛泽东同志、邓小平同志等老一辈无产阶级革命家都曾明确地强调,方法应当是指南,不能将其作为解决一切问题的公式。马克思主义的范畴与规律具有方法论的功能,它是一切实践的指南;但需要注意的是,如果理论性的概念或范畴不转化为具体的方法论,不转化为能够把握现实的思想方法和工作方法,那么它就会失去存在的价值和意义。"就会把马克思主义变成一种片面的、畸形的、僵死的东西,就会抽掉马克思主义的活的灵魂,就会破坏它的根本的理论基础——辩证法。"[①] 实事求是要求我们随时代的变迁而

[①] 《列宁选集》第二卷,人民出版社1995年版,第278页。

不断进行调整，不断突破原有的思维框架和思维理念，它是常用常新的。

需要注意的是，实事求是既是方法论又是世界观。实事求是作为一种方法可以指导实践，这是它具有活力的重要原因。但问题是，如果我们仅仅把实事求是作为方法论，为方法而方法，那么我们就有可能陷入以思想去衡量或裁剪事实的困境。这样一来，就会使实事求是失去指导性和方向性，从而沦为简单的论证工具。在这个意义上，我们必须把实事求是从方法论的维度上升到世界观的高度。因为方法一旦被上升为世界观，它就会成为一种占支配地位的思想方法，进而具有更高更强的指导性。"哲学的推广必须以科学成果为基础。可是哲学一经建立并广泛地被人们接受以后，它们又常常促使科学思想的进一步发展，指示科学如何从许多可能的道路中选择一条路。等到这种已经接受了的观点被推翻以后，又会有一种意想不到和完全新的发展，它又成为一个新的哲学观点的源泉。"①事实上，在新民主主义革命时期，毛泽东同志在《新民主主义论》《改造我们的学习》等论著中，对实事求是进行了全新的经典解释，从世界观和方法论的结

---

① 爱因斯坦、英费尔德:《物理学的进化》，周肇威译，上海科学技术出版社1962年版，第39页。

第一章　实事求是是马克思主义的根本观点

合来使用这一概念，使之成为中国共产党思想路线的理论基础。邓小平同志总结道："实事求是，是无产阶级世界观的基础，是马克思主义的思想基础。"[①] 要科学看待实事求是作为世界观的重要意义。哲学世界观以人和世界之间的广阔领域为对象，具有超越性、全面性及导向性。实事求是作为世界观具有普遍适用性和超越性，它贯穿于一切人的实践活动之中，对各项工作都具有现实的指导意义。世界观与方法论具有内在的一致性，这是客观世界的物质统一性所决定的。马克思主义世界观主张按照客观世界的本来面目来认识世界，遵循其内在规律来改造世界。实事求是内在地蕴含着对客观事物发展规律的探索，它反对轻视客观规律的主观主义态度，要求我们发现事物的本质规律，然后按客观规律办事。因此，实事求是既是世界观，同时也是方法论。[②]

（一）坚持实事求是的思想方法，在推进理论创新方面下功夫

在中国共产党人推进理论创新、进行理论创造的过程中，解放思想、实事求是是基本的思想方

---

① 《邓小平文选》第二卷，人民出版社1994年版，第143页。
② 参见王虎学：《准确理解实事求是的深刻内涵与时代特征》，《中国党政干部论坛》2022年第2期。

法。一百多年来,党的指导思想之所以能够做到与时俱进,其中的重要原因就在于坚持一切从实际出发,坚持解放思想、实事求是,不断结合具体国情推进实践基础上的理论创新。党的十八大以来,以习近平同志为核心的党中央坚持把马克思主义基本原理同中国具体实际相结合、同中华优秀传统文化相结合,不断推进马克思主义中国化时代化,谱写了波澜壮阔的历史新篇章,创立了习近平新时代中国特色社会主义思想,实现了马克思主义中国化新的飞跃。党的十八大以来,习近平总书记对事关新时代党和国家事业发展的一系列重大理论和实践问题进行了深邃思考与科学判断,就新时代坚持和发展什么样的中国特色社会主义、怎样坚持和发展中国特色社会主义,建设什么样的社会主义现代化强国、怎样建设社会主义现代化强国,建设什么样的长期执政的马克思主义政党、怎样建设长期执政的马克思主义政党等重大时代课题,提出了一系列原创性的治国理政新理念新思想新战略,推动了党和国家事业取得历史性成就、发生历史性变革,推动了新时代中国特色社会主义取得伟大的历史性成就和历史性变革。实践证明,无论是伟大成就的取得,还是科学理论的创造,都离不开实事求是的思

第一章 实事求是是马克思主义的根本观点

想方法和工作方法。

（二）坚持实事求是的工作方法，在弘扬优良作风方面下功夫

实事求是思想路线必然要求所有工作都求真务实，求真务实是其核心内容与必然要求，也是中国共产党人的优良作风与政治品质。一是弘扬求真务实要在思想上着力。政治上的坚定和实践中的自觉需要以思想上的清醒作为前提和先导。中国特色社会主义进入新时代，毫不动摇地推动马克思主义中国化时代化，就是要坚持和发展习近平新时代中国特色社会主义思想，要在学深悟透上一以贯之地下功夫，准确把握其中所蕴含的马克思主义立场观点方法。解放思想、实事求是是马克思主义活的灵魂，在思想上着力就是要用新思想武装头脑，指导实践，推动工作。二是弘扬求真务实要在落实上着力。进入新时代新征程，面对复杂多变的国内外形势，面对新问题新挑战，要大力弘扬求真务实的优良作风，全面贯彻习近平新时代中国特色社会主义思想，坚决落实以习近平同志为核心的党中央关于治国理政的一系列新理念新思想新战略，勇毅前行，埋头苦干，为实现中华民族伟大复兴的中国梦而不懈奋斗。三是弘扬求真务实要在真抓实干上着力。要做到实事求是，就要坚

决反对形式主义、官僚主义。毫无疑问，广大党员领导干部要始终坚持求真务实的态度，真抓实干地推动工作。但在实际工作中，有些地方和部门还存在一定程度的形式主义、官僚主义问题，如果不高度重视和彻底解决，就会危及党的初心和使命，影响到人民群众对党的信任，这是与党的性质和宗旨相背离的。因此我们必须大力弘扬求真务实的优良作风，切实做到力戒形式主义、官僚主义。

（三）坚持实事求是的领导方法，在扎实做好调查研究方面下功夫

调查研究是实事求是的基础形式，是实事求是的出发点，在实践中要获得第一手的真实素材，就要深入基层做好调查研究。可以这么说，调查研究是实事求是的感性形态；解放思想是实事求是的必然结果和必然要求，是实事求是的理性形态。坚持实事求是就应该把马克思主义的世界观和方法论统一于实践之中。习近平总书记反复强调："调查研究是谋事之基、成事之道。没有调查，就没有发言权，更没有决策权。"[1] 坚持实事求是的领导方法，做到一切从实际出发，就要努力真研究

---

[1] 中共中央文献研究室编：《习近平关于全面深化改革论述摘编》，中央文献出版社2014年版，第37—38页。

问题、研究真问题，切实做好调查研究这篇大文章，推动思想与实际相符合、主观与客观相符合，进而形成正确认识以指导实践、推动工作。需要注意的是，深入开展调查研究的实践过程，其实就是不断回到事物本身、还原事物本来面貌、探索事物本质规律的过程，这既是形成正确认识的必由之路，也是作出科学决策的必由之路。事实上，我们的调查研究工作做得越细致、越深入、越扎实、越充分，就越能够获得正确的认识，越能够作出科学而准确的决策。相反，如果党员领导干部离开调查研究来进行决策，那么必然会导致脱离基层、脱离群众、脱离实际的局面。如果党员领导干部盲目主观臆断，一味靠拍脑袋来决策，就会背离实事求是的领导方法，就会陷入唯心主义的困境之中。因此，广大党员领导干部要扎实练好调查研究的基本功，以求真务实的态度推动工作。只有坚持实事求是，才能建功新时代、奋进新征程。

第二章　实事求是是党带领人民不断取得胜利的重要法宝

在中国共产党百年奋斗历程中，中国共产党人坚持实事求是、不断进行探索，推动百年中国发生翻天覆地的历史巨变。实事求是的思想路线是一个相互联系、相辅相成的理论整体，它系统回答了什么是实事求是、为什么要坚持实事求是、怎样坚持实事求是等重大问题。实事求是作为党带领人民不断取得胜利的重要法宝，在不同历史时期具有不同的丰富内涵并呈现出不断发展的态势。梳理中国共产党在百年征程中关于实事求是思想路线的探索，对中国特色社会主义新时代征程上继续坚持实事求是思想路线、推动中华民族伟大复兴具有重大理论意义和实践意义。

一、新民主主义革命时期实事求是思想路线

如前所述，"实事求是"这个词语最早出现在汉

代，在当时仅指人在治学方面要求真务实，并未与一个国家的政党的思想路线关联。在新民主主义革命时期，以毛泽东同志为代表的中国共产党人创造性地推动马克思主义基本原理与中国革命实际相结合，提出马克思主义中国化命题，运用马克思主义的唯物论来深入阐释实事求是这一中国传统文化中的理念。由此，"实事求是"这个词语超越其最初内涵，融入中国共产党的思想建设，获得了发展和升华。

事实上，中国共产党的成立以及党的实事求是思想路线的确立，是马克思主义与中国实际相结合的产物。中国共产党成立后，特别注重运用马克思主义指导中国革命的实际问题，在党的思想理论建设方面，强调思想建党和思想入党的重要性。

在大革命时期，中国共产党开始意识到应将马克思主义基本原理置于中国革命的现实情境中去理解，要以实事求是的态度来开展革命工作。根据中国革命的实际情况，党的一大确立的立即推翻资本主义统治、建立无产阶级专政的策略，在党的二大与三大之后转变为以国共合作的形式建立革命统一战线，制定反帝反封建的民主革命纲领。这一转变将共产主义的长远目标与中国民主革命的阶段目标相结合，丰富和发展了党的无产阶级革命学说，充分体现了中国革命的鲜明特色。在这个过程中,中国共产党快速发展,逐步成为新兴政治力量,到 1927 年党的五大召开时,党员人数已发展至五万多。此时,党内虽然尚未明确提出实事求是思想路线,但在革命实践中已经贯彻这一理念,由此可见,党的实事求是思想路线是在早期革命实践中萌芽的。

在土地革命战争时期,由于党内思想路线偏离实事求是,党为此付出了沉重代价,党更加深刻地认识到实事求是对于中国革命取得胜利的重要性。在大革命失败后,党内出现的右倾错误思想和"左"倾错误路线,尤其是以王明等人为代表的第三次"左"倾错误路线,致使党陷入生死存亡的境地。第五次反"围剿"失败后,中央红军被迫进行战略转移,党"丧失了除了陕甘边区以外的一切革命根据地,使红军由三十万人降到了几万人,使中国共产党由三十万党员降到了几万党员,而在国民党区域的党组织几乎全部丧失"[①]。实际上,这正是党内思想路线偏离实事求是所造成的结果,是仅凭主观经验直觉或照搬照抄马列主义教条所导致的,没有将马列主义基本原理与中国革命实际相结合,没有真正做到实事求是。对此,党中

---

① 《毛泽东选集》第一卷,人民出版社 1991 年版,第 187 页。

第二章 实事求是是党带领人民不断取得胜利的重要法宝

央早有公论:"一切政治路线、军事路线和组织路线之正确或错误,其思想根源都在于它们是否从马克思列宁主义的辩证唯物论和历史唯物论出发,是否从中国革命的客观实际和中国人民的客观需要出发。"① 以毛泽东同志为代表的中国共产党人贯彻实事求是思想路线,探索符合中国国情的革命道路。在井冈山时期,毛泽东同志结合土地革命、武装斗争、根据地建设,创造性地提出了"工农武装割据"思想,这一思想理论与苏俄革命经验不同但符合中国革命实际,经过后来的革命实践检验,是正确的革命理论。在长征途中,中国共产党人通过遵义会议、瓦窑堡会议及时纠正错误路线,正确处理党内"左"倾错误思想的影响,使实事求是思想路线重新在党内占据主导地位。在土地革命战争时期,党的实事求是思想路线开始形成。

在全国抗日战争时期,党的实事求是思想路线正式确立,成为中国共产党的重要指导方针。随着民族矛盾上升为中国的主要矛盾,党的工作重点发生了变化。为了民族大义,中国共产党在全国抗日战争中主动与国民党合作抗战,将初期的"打土豪、分田地"的政策改为"地主减租减息,农民交租交息"的政策。

---

① 《毛泽东选集》第三卷,人民出版社1991年版,第987页。

这种改变团结了一切可以团结的抗日力量，建立了最广泛的抗日民族统一战线，动员了广大人民群众为争取民族生存和民族独立进行持久抗战。因此，党的实事求是思想根据中国的革命实际和民族需要，根据时代形势进行了适当的调整。彭真同志曾指出，全国抗日战争时期"客观事物发展了，主观认识就得随着变。'实事'不同，'是'也不同，'实事'变了，'是'也会变，我们要根据不断变化的'实事'去求'是'"①。否则，我们的工作就会被禁锢在教条主义的牢笼里。需要指出的是，当时党虽然根据具体实际调整了革命战略，但鉴于国共第一次合作的教训，我们党始终保持独立，不断同国民党顽固派进行有理、有利、有节的斗争，贯彻了"既统一又独立"的方针。这就是说，我们党既维护抗日民族统一战线，又保证党的独立性，这是按照实事求是的原则正确处理中国革命问题的成功案例。延安整风运动以后，实事求是的思想路线在全党上下生根发芽、茁壮成长，取得思想上的共识。延安整风运动让"党真正达到了马克思列宁主义普遍真理和中国革命具体实践的完整的统一"②。更重要的

---

① 中共中央文献研究室编：《十三大以来重要文献选编》（中），中央文献出版社 2011 年版，第 567 页。
② 作学元、李鸿儒：《延安精神文集》第一辑，陕西人民出版社 1991 年版，第 23 页。

第二章 实事求是是党带领人民不断取得胜利的重要法宝

是,党的七大确立了马克思主义中国化第一个理论成果即毛泽东思想的历史地位,实事求是则是毛泽东思想的活的灵魂。加强对党员领导干部实事求是思想的教育和培训,是我们党的重要经验,党中央还将"实事求是"定为中央党校校训①,党的七大关于修改党章的报告提出了实事求是的思想路线。在实事求是思想路线的正确指导下,党的力量迅速发展。到1945年党的七大召开时,中国共产党已发展到121万名党员,成为国内外一支重要的政治力量。

在解放战争时期,实事求是的思想路线在全党得到进一步贯彻。党继续科学运用实事求是的思想路线指导中国革命,取得了新民主主义革命的胜利。事实上,党中央按照实事求是的原则作出经略东北、撤离延安、挺进中原及展开决战等重大战略部署。随着革命进程的发展,党按照实事求是的原则,对革命工作作了新的调整和安排。比如,及时制止少数地区在土地改革过程中出现的"左"倾错误,强调对地主、富农"必须坚持少杀,严禁乱杀",绝不能使"我党丧失同情,脱离群众,陷于孤立"②,土地改革的目标是

---

① 中共中央文献研究室编:《十三大以来重要文献选编》(中),中央文献出版社2011年版,第566页。
② 中共中央文献研究室、中央档案馆编:《建党以来重要文献选编》第二十五册,中央文献出版社2011年版,第58页。

消灭封建土地制度,而不是消灭个别地主。更重要的是,随着中国共产党即将成为执政党,毛泽东同志科学地指出党的工作重心已经由乡村转移到城市,强调"务必使同志们继续地保持谦虚、谨慎、不骄、不躁的作风,务必使同志们继续地保持艰苦奋斗的作风",决不能在"糖衣炮弹"面前输掉战争,要充分认识到"夺取全国胜利,这只是万里长征走完了第一步"。① 这种实事求是的态度,是党的思想建设进程中的一个里程碑,它使党员领导干部及时接受了正确的思想教育,避免了居功自傲、脱离群众的错误,保证了中国革命沿着正确道路前行。

总之,在新民主主义革命时期,党的实事求是思想路线的内涵和马克思主义的目标是高度一致的,即如何探索符合中国国情的革命道路,赢得民族革命的胜利,最终让中国"站起来",这体现在毛泽东同志对实事求是思想路线的创造性运用上。值得注意的是,毛泽东同志是我们党实事求是思想路线的主要创立者,也是马克思主义中国化命题的主要提出者和倡导者。毛泽东同志对实事求是思想路线的理解,与他青年时代在岳麓书院生活的经历密切相关。当时他经常看到

---

① 《毛泽东选集》第四卷,人民出版社1991年版,第1438—1439页。

第二章 实事求是是党带领人民不断取得胜利的重要法宝

岳麓书院讲堂里挂着"实事求是"的牌匾,这种实事求是的治学理念和精神深深影响了他的思想认知,这也为后来毛泽东同志提出和阐释实事求是思想路线奠定了坚实的文化基础。

在大革命时期,毛泽东同志撰写了《湖南农民运动考察报告》《中国社会各阶级的分析》等文章,强调中国革命离不开广大农民,结合中国具体国情对忽视农民力量的观点进行批判,指出要实事求是地看待和解决中国革命问题。在土地革命战争期间,他撰写了《反对本本主义》《星星之火,可以燎原》等文章,科学阐释了党的实事求是思想路线,认为中国革命不应盲目急躁,不应悲观失望,提出了符合中国革命实际的"工农武装割据"理论,通过一系列的革命实践,证明马克思主义必须与中国实际相结合才能发挥其重要指导作用。

毛泽东同志对党的实事求是思想的运用与发展集中在全国抗日战争时期。他撰写了《矛盾论》《实践论》《新民主主义论》等重要论著,系统阐述了党实事求是的思想路线。1941年毛泽东同志在《改造我们的学习》一文中重新诠释了"实事求是"这句古语,使其成为党的思想路线的核心。"'实事'就是客观存在着的一切事物,'是'就是客观事物的内部联系,即规律性,'求'就是我们去研究。我们要从国内外、省内外、县内外、区内外的实际情况出发,从其中引出其固有的而不是臆造的规律性,即找出周围事变的内部联系,作为我们行动的向导",中国共产党人要有的放矢,用马列主义的"矢"去射中国革命的"的","使马克思列宁主义的理论和中国革命的实际运动结合起来",做到不唯书、不唯上、不唯众、只唯实,走符合中国国情的新民主主义革命道路。[1] 随后毛泽东同志在延安马列研究院成立大会上再次阐述了实事求是思想路线。在1938年中共六届六中全会上,毛泽东同志再次强调绝不能离开中国的实际来空谈马列主义,必须"使马克思主义在中国具体化,使之在其每一表现中带着必须有的中国的特性,即是说,按照中国的特点去应用它,成为全党亟待了解并亟须解决的问题"[2]。这是毛泽东同志在阐释党的实事求是思想路线的基础上,第一次创造性地正式提出了马克思主义中国化的命题。

毛泽东同志为纠正中国革命实践过程中出现的"左"倾和右倾错误,探索新民主主义革命的正确和切实可行的道路,提出马克思主义中国化命题,这是伟

---

[1] 《毛泽东选集》第三卷,人民出版社1991年版,第801页。
[2] 《毛泽东选集》第二卷,人民出版社1991年版,第534页。

大的创举。马克思主义中国化与革命时期党的实事求是思想路线在内涵上是一致的,都以解决中国革命问题为核心要旨。从这个意义上讲,实事求是是一种理论方法,而马克思主义中国化是这种方法在中国革命实践中的具体体现,两者共同服务于中国革命战争,并随着中国社会发展的变化不断呈现新的时代内涵。①

二、社会主义革命和建设时期实事求是思想路线

在社会主义革命和建设时期,中国共产党创造性地完成了社会主义革命,成功地确立了社会主义制度,开始探索适合中国国情的社会主义道路。在坚持实事求是方面,我们党取得了一些理论成果,但也存在着一些失误和教训。

从坚持实事求是思想路线的角度来看,在社会主义革命和建设时期,党开始积极地、独立地探索适合中国国情的社会主义建设道路,取得了一些重要理论成果,主要表现在以下三个方面。

一是明确提出实现马克思主义同中国实际的"第

---

① 参见李华文、陈宇翔:《实事求是:中国共产党思想路线的百年历程与马克思主义中国化》,《湖南大学学报》(社会科学版) 2021 年第 7 期。

二次结合"。中国共产党对"什么是社会主义"的认识存在着照搬马克思、恩格斯关于社会主义社会的设想和照抄苏联经验的现象。在当时的情况下，这一做法具有一定的历史原因，因为社会主义探索缺乏现实的成功参考物。1956年召开的苏共二十大暴露了苏联社会主义建设中存在的一些问题，这促使我党开始探索适合中国国情的社会主义建设和发展道路。毛泽东同志在《论十大关系》中又指出："如果每句话，包括马克思的话，都要照搬，那就不得了。我们的理论，是马克思列宁主义的普遍真理同中国革命的具体实践相结合。"① 随后召开的中共八大，对当时党所面临的国内形势和任务作出了正确判断，提出一系列富有创造性的工作方针，这是中国共产党开始独立探索适合中国国情的社会主义建设道路的标志。

二是科学阐述社会主义社会的主要矛盾。1956年9月党的八大《关于政治报告的决议》强调：由于社会主义改造已经取得了决定性的胜利，我国无产阶级与资产阶级之间的矛盾已经基本解决了。我国国内的主要矛盾，已经是人民对于建立先进的工业国的要求

---

① 《毛泽东文集》第七卷，人民出版社1999年版，第42页。

第二章 实事求是是党带领人民不断取得胜利的重要法宝

同落后的农业国的现实之间的矛盾,已经是人民对于经济文化迅速发展的需要同当前经济文化不能满足人民需要的状况之间的矛盾。因此,当时党和人民的主要任务,就是集中力量来解决这个矛盾,尽快把我国从落后的农业国建设成先进的工业国。毛泽东在《关于正确处理人民内部矛盾的问题》中指出,社会主义社会同样充满着矛盾,正是这些矛盾推动着社会不断向前发展。社会主义社会的基本矛盾仍然是生产关系和生产力之间的矛盾,上层建筑和经济基础之间的矛盾,但这些矛盾本质上是非对抗性的,特点是又相适应又相矛盾。需要注意的是,在社会主义社会中有两种不同性质的矛盾,一种是敌我矛盾,一种是人民内部矛盾。对待这两种不同性质的矛盾要运用不同的办法。其中正确处理人民内部矛盾,就是要"团结全国各族人民进行一场新的战争——向自然界开战,发展我们的经济,发展我们的文化"[①]。党的八大关于社会主义社会主要矛盾与主要任务的论述,正确指出了社会主义社会的发展动力与矛盾运动规律,独创性地丰富和发展了马克思主义,进而形成了社会主义社会矛盾理论,为社会主义建设提供了理论指引。

---

① 《毛泽东文集》第七卷,人民出版社1999年版,第216页。

三是积极探索适合中国国情的社会主义建设道路。在这一时期,我们党在经济、政治、外交、文化、党建等方面都进行了积极探索。在经济建设方面,党明确提出要坚持实事求是,尊重经济规律。在社会主义过渡时期,我国经济建设曾出现急躁冒进的倾向,1956年初,党中央和国务院负责经济工作的领导人及时发现这一倾向,并努力加以纠正。周恩来同志在1956年2月国务院第二十四次全体会议上指出:"现在有点急躁的苗头,这需要注意。社会主义积极性不可损害,但超过现实可能和没有根据的事,不要乱提,不要乱加快,否则就很危险。""各部门订计划,不管是十二年远景计划,还是今明两年的年度计划,都要实事求是。"[①] 周恩来同志的讲话对纠正当时急躁冒进的倾向起到了重要作用。随后的中共八大既反对保守又反对冒进,制定了在综合平衡中稳步前进的经济建设方针,初步反映了我们党对我国社会主义经济发展规律的正确认识。在经济管理方面,陈云同志在党的八大的发言中提出"三个主体、三个补充"的思想:在工商业经营方面,国家经营与集体经营是主体,以一定数量的个体经营作为补充;在生产计划方面,计

---

① 《周恩来经济文选》,中央文献出版社1993年版,第251—252页。

第二章 实事求是是党带领人民不断取得胜利的重要法宝

划生产是工农业生产的主体，按照市场变化且在国家计划许可范围内的自由生产作为补充；在社会主义统一市场中，国家市场是主体，附有一定范围内国家领导的自由市场作为补充。这种认识在理论与实践上突破了陈旧的苏联模式，是探索社会主义建设和经济体制改革的重要尝试。

在社会主义革命和建设时期，我国社会主义发展遭受了一些挫折。造成这种局面的原因复杂多样，其中背离党的实事求是思想路线是主要原因之一。一是对"什么是社会主义"的认识教条化。在人口众多、经济文化落后的条件下建设社会主义，是一个十分复杂的历史课题。在把马克思主义普遍真理同中国实际相结合的过程中，如果缺乏对现实国情和时代特征的深刻把握，就容易违背客观规律。

二是社会主义建设脱离实际。"大跃进"和人民公社化运动的发动，是由于缺乏社会主义建设经验，不了解社会主义经济发展规律，不了解中国经济的基本情况，更主要的是夸大了人的主观意志与主观能动性的作用，片面强调人的主观性，脱离了实际，急于求成。邓小平同志后来总结道："我们都是搞革命的，搞革命的人最容易犯急性病。我们的用心是好的，想早一点进入共产主义。这往往使我们不能冷静地分析主客观方面的情况，从而违反客观世界发展的规律。"[1]

三是思想方法上主观主义作风盛行。从20世纪50年代后期开始，党和国家的政治生活中个人崇拜等现象逐步滋长起来，党内民主和人民民主遭到削弱甚至破坏。当时严重的"左"倾错误不仅没有得到及时制止，反而在历史环境下不断被扩大，进而导致全社会范围内主观主义盛行，各种错误观点大行其道，混淆了人民群众的认知。这些做法都偏离了实事求是思想路线，在探索社会主义建设的实践过程中试图走出一条跨越发展、超越阶段、超越实际的发展道路，使我们党在对社会主义道路的艰辛探索中遭受了一些挫折、走了一些弯路。1978年党的十一届三中全会以后，党中央开始全面拨乱反正，随着关于真理标准的大讨论在全国深入开展，我们党恢复和重新确立了实事求是的思想路线。

三、改革开放新时期实事求是思想路线

改革开放后，以邓小平同志为代表的中国共产党人在指导思想上将马克思主义基本原理同中国社会主

---

[1] 《邓小平文选》第三卷，人民出版社1993年版，第139—140页。

第二章 实事求是是党带领人民不断取得胜利的重要法宝

义现代化建设需求相结合，重新确立实事求是思想路线，探索中国特色社会主义的发展道路。实事求是思想路线在改革开放和社会主义现代化建设新时期得到了新的发展。

党中央对新中国成立后党和国家的事业一度遭受挫折的事实进行了总结和反思，认为主要"由于我们党领导社会主义事业的经验不多，党的领导对形势的分析和对国情的认识有主观主义的偏差"，也就是背离了党确立和实践的实事求是思想路线，"脱离了作为马克思列宁主义普遍原理和中国革命具体实践相结合的毛泽东思想的轨道"。[①] 对此，陈云同志明确地指出："我们一些工作发生失误，原因还是离开了实事求是的原则。"[②] 直到党的十一届三中全会后，党中央否定了"两个凡是"的错误方针，重新确定了"解放思想、开动脑筋、实事求是、团结一致向前看的指导方针"[③]，将党和国家工作重心从阶级斗争转移到社会主义现代化建设，开启了改革开放历史新征程。这意味着党重新确立了实事求是思想路线。此后，随着社会主义现

[①] 中共中央文献研究室编：《三中全会以来重要文献选编》（下），中央文献出版社2011年版，第132、142页。
[②] 中共中央文献研究室编：《陈云论党的建设》，中央文献出版社1995年版，第254页。
[③] 中共中央文献研究室编：《三中全会以来重要文献选编》（上），中央文献出版社2011年版，第18页。

代化建设的不断深入，实事求是思想不断丰富和发展，形成了成熟的理论体系，并被写入党章。

1982年党的十二大第一次正式将实事求是思想路线写入党章："党的思想路线是一切从实际出发，理论联系实际，实事求是，在实践中检验真理和发展真理。"此后党章的历次修改，没有根本性变动党的思想路线的精神实质，根本原则也没有发生改变，始终强调要将马克思主义与中国具体实际相结合，探索适合中国国情的中国特色社会主义现代化建设道路，实事求是思想路线的具体内容与表述随时代的发展而逐渐完善。1992年党的十四大通过的党章，新增了"坚持解放思想，实事求是"；2002年党的十六大和2012年党的十八大通过的党章，在前有规定的基础上先后增加了"与时俱进"与"求真务实"，沿用至今，使党的实事求是思想路线的内容更加丰富完整。

改革开放以来，党的实事求是思想路线与马克思主义中国化目标一致，即在"文革"之后，打破长期存在于党内的思想桎梏，扫清对建设中国特色社会主义的错误认识和思想障碍，最终实现中国"富起来"的目标。对此，邓小平同志重新科学阐释和发展了实事求是思想路线。可以这么说，邓小平同志是党的实事求是思想路线主要的重新确立者，他重新诠释和发展了党的实事求是思想路线,将实事求是上升至党章的高度。需要注意的是,邓小平同志对实事求是的阐释生动体现在他准确完整地把握了毛泽东思想、客观公允地评价了毛泽东同志之中。邓小平同志指出,"毛泽东思想的基本点就是实事求是,就是把马列主义的普遍原理同中国革命的具体实践相结合",毛泽东思想的精髓在于实事求是,"毛泽东同志所以伟大,能把中国革命引导到胜利,归根到底,就是靠这个"。[1] 若"没有毛主席,至少我们中国人民还要在黑暗中摸索更长的时间"[2]。

在改革开放语境下,邓小平同志以非凡的政治勇气和理论智慧成功地运用党的实事求是思想路线解答了时代课题。邓小平同志科学、明确地解释了党的思想路线的核心含义:"思想路线是什么?就是坚持马克思主义,坚持把马克思主义同中国实际相结合,也就是坚持毛泽东同志说的实事求是。"[3] 实事求是在党的十二大上以明文形式写入党章。邓小平同志明确指出,中国最大的实际就是正处于并将长期处于社会主义初级阶段,"一切都要从这个实际出发,根据这个实际制

---

[1] 《邓小平文选》第二卷,人民出版社1994年版,第126页。
[2] 《邓小平文选》第二卷,人民出版社1994年版,第345页。
[3] 《邓小平文选》第三卷,人民出版社1993年版,第62页。

订规划"①。因此，我们必须开动脑筋、解放思想，深刻认识到"贫穷不是社会主义，更不是共产主义"，社会主义要以全体人民共同富裕为目标，"社会主义阶段的最根本任务就是发展生产力"。②只有这样，才能摆脱贫困落后的状态，"才能理直气壮地说社会主义优于资本主义"③。同时，判断中国改革开放的标准不应纠结于"姓资"还是"姓社"，而应是"三个有利于"。总之，邓小平同志强调，无论是马列主义还是毛泽东思想，思想的本质精髓都应该是实践过程中遵循的实事求是原则。

过去，中国革命战争的胜利，靠的是实事求是；现在，中国改革开放的成功，靠的依旧是实事求是。邓小平同志对党的实事求是思想路线新的诠释和发展，是中国共产党人推动和发展马克思主义中国化的具体体现。一方面，从过程来看，马克思主义中国化是一个现在进行时的历史进程，而不是过去完成时的状态。马克思主义中国化的理论成果在新民主主义革命时期集中体现为毛泽东思想，在改革开放新时期则集中体现为邓小平理论。邓小平同志对实事求是思想路线的

---

① 《邓小平文选》第三卷，人民出版社 1993 年版，第 252 页。
② 《邓小平文选》第三卷，人民出版社 1993 年版，第 63—64 页。
③ 《邓小平文选》第三卷，人民出版社 1993 年版，第 225 页。

诠释和发展，是邓小平理论的重要组成部分，是马克思主义中国化理论成果的重要内容。另一方面，从现实来看，在改革开放新时期，马克思主义中国化的主要目标是将马克思主义基本原理同中国改革开放实际情况相结合，探索一条具有中国特色的社会主义道路，实现中国的社会主义现代化，避免出现苏联和东欧社会主义国家的剧变。党和国家完成这一历史转向的重要前提就是坚持实事求是思想路线，从中国具体实际出发处理问题，具体指导方法是运用马克思主义中国化的新成果——邓小平理论。从实事求是与马克思主义中国化的关系来看，党的实事求是思想路线是理论前提，而马克思主义中国化是具体指导方法，两者有机统一在改革开放新时期中国特色社会主义建设的需求上。党的实事求是思想路线随着中国特色社会主义新时代的到来呈现出新的时代内涵。

四、中国特色社会主义新时代实事求是思想路线

党的十八大以后，在以习近平同志为核心的党中央领导下，我国进入中国特色社会主义新时代，促进了党的实事求是思想路线的新发展，产生了马克思主

义中国化的最新理论成果——习近平新时代中国特色社会主义思想，这为全面建设社会主义现代化国家、实现中华民族伟大复兴提供了科学指引。

习近平总书记在继承毛泽东同志、邓小平同志、江泽民同志和胡锦涛同志等党的领导人关于实事求是思想路线核心内涵的基础上，对实事求是作了进一步阐释。比如，对于如何定位实事求是思想，习近平总书记给予了精辟且准确的论述："我们党是靠实事求是起家和兴旺发展起来的"，"什么时候坚持实事求是，党就能够形成符合客观实际、体现发展规律、顺应人民意愿的正确路线方针政策，党和人民事业就能够不断取得胜利；反之，离开了实事求是，党和人民事业就会受到损失甚至严重挫折"。[①] 对于党如何做到实事求是，习近平总书记提出了基本要求："基础在于搞清楚'实事'，就是了解实际、掌握实情；关键在于'求是'，就是探求和掌握事物发展的规律"[②]；必须始终坚持一切为了群众、一切依靠群众，从群众中来、到群众中去的群众路线。

诚然，我们党拥有 9600 多万名党员，是世界第一

---

① 习近平：《坚持实事求是的思想路线》，《学习时报》2012 年 5 月 28 日。
② 中共中央宣传部编：《习近平新时代中国特色社会主义思想学习纲要》，学习出版社 2019 年版，第 243 页。

第二章　实事求是是党带领人民不断取得胜利的重要法宝

大执政党，长期处于执政的光环之下，极容易"出现忽略自身不足、忽视自身问题的现象，陷入'革别人命容易，革自己命难'的境地"①，甚至出现执政懈怠和脱离群众的危险。对坚持人民至上、以人民为中心、把人民对美好生活的向往作为奋斗目标的中国共产党而言，这是需要认真对待的问题。习近平总书记高度重视中国共产党的自身建设，推动全面从严治党，强调党要管党、从严治党，党必须时刻以实事求是原则来要求全体党员干部，"要兴党强党，保证党永葆生机活力，就必须实事求是认识和把握自己"②，只有这样才能有效抵御外部风险和危机，保证党在长期执政中始终获得人民群众的支持和拥护。同时，习近平总书记也对改革开放前后的历史作出了客观的评价，认为要以实事求是的态度看待"前三十年"与"后三十年"之间的关系，"不能用改革开放后的历史时期否定改革开放前的历史时期，也不能用改革开放前的历史时期否定改革开放后的历史时期"③。

习近平总书记还强调，坚持实事求是思想绝非一成不变、一劳永逸，而是一个永恒的动态演化进程。

---

① 习近平：《论坚持全面深化改革》，中央文献出版社2018年版，第327页。
② 习近平：《论坚持全面深化改革》，中央文献出版社2018年版，第328页。
③ 中共中央文献研究室编：《十八大以来重要文献选编》（上），中央文献出版社2014年版，第112页。

因为"在一个时间一个地点做到了实事求是,并不等于在另外的时间另外的地点也能做到实事求是,在一个时间一个地点坚持实事求是得出的结论、取得的经验,并不等于在变化了的另外的时间另外的地点也能够适用"①。因此,我们必须牢牢把握我国仍将长期处于社会主义初级阶段这一基本国情,正确认识世情、国情、党情、民情,在实践基础上推进理论创新。只有这样真正做到实事求是地推进工作,才能避免陷入名曰实事求是、实为教条主义的误区。

中国特色社会主义进入新时代,党的实事求是思想路线需要解答的时代课题是,如何保持党在社会主义现代化建设事业中的领导核心地位,确保党正确带领全国人民实现"两个一百年"奋斗目标,在中华民族伟大复兴的道路上砥砺前行。这正是中国特色社会主义进入新时代后,马克思主义中国化的重要目标,即解决中国社会经济发展面临的新情况新问题,实现中国"强起来"的宏伟目标。始终坚持和改善党的领导是以实事求是思想路线来推进新时代马克思主义中国化进程的重要前提。一句话,办好中国的事情,关键在党。习近平总书记强调,当前中国"应对和战胜

---

① 中共中央文献研究室编:《十八大以来重要文献选编》(上),中央文献出版社2014年版,第696页。

前进道路上的各种风险和挑战,关键在党"①。

进入中国特色社会主义新时代,党依然面临严峻的形势和挑战。打铁必须自身硬,党的自身建设与发展问题,绝不仅仅是党内之事,更是关系到国家前途命运的大事要事。中国共产党作为当今世界第一大执政党,能否顺利通过长期执政考验、改革开放考验、市场经济考验、外部环境考验这"四大考验",能否彻底摆脱精神懈怠危险、能力不足危险、脱离群众危险、消极腐败危险这"四大危险",能否坚决告别形式主义、官僚主义、享乐主义、奢靡主义这"四风",都直接关系到党的执政形象,更关系到我们党能否长期执政。完成中国特色社会主义新时代的艰巨的使命任务,党既需要壮士断腕的勇气魄力和高超的政治智慧,更需要始终贯彻实事求是思想路线。因此,党要坚持全心全意为人民服务的根本宗旨不动摇,正视自身的不足和缺点,敢于刮骨疗毒,清除毒瘤烂肉,坚决管党,从严治党,不断提高党员领导干部拒腐防变和抵御风险的能力与水平,不断牢记和践行为中国人民谋幸福、为中华民族谋复兴的初心和使命。

以实事求是思想路线推进新时代马克思主义中国

---

① 习近平:《中国共产党领导是中国特色社会主义最本质的特征》,《求是》2020年第14期。

化进程，关键在于牢牢把握中国具体国情不能动摇。实事求是的前提是注重"实事"，实现马克思主义中国化的前提是把握中国具体国情，这两者在本质上是完全一致的。也就是说，马克思主义中国化的最基本的"实事"就是认清中国特色社会主义新时代的具体国情和历史方位，并且始终把提高人民生活水平作为党执政工作的根本目的。进入中国特色社会主义新时代，在全面建成小康社会之后，我国社会的主要矛盾已经转化为人民日益增长的美好生活需要和不平衡不充分的发展之间的矛盾。需要注意的是，我国社会主要矛盾的变化并没有改变中国仍处于并将长期处于社会主义初级阶段的基本国情，也没有改变中国是世界最大发展中国家的国际地位。[1]

从我国发展的实际情况看，在建党100周年之际，我们取得脱贫攻坚战的全面胜利，实现第一个百年奋斗目标，正向第二个百年奋斗目标迈进。需要注意的是，在巩固脱贫攻坚成果同乡村振兴有机衔接的过程中，部分困难群众的生活水平仍有待改善和提升。"生活过得好不好，人民群众最有发言权。"[2] 从

---

[1] 中华人民共和国国务院新闻办公室：《中国政府白皮书汇编（2021年）》下卷，人民出版社2022年版，第757—759页。
[2] 中共中央党史和文献研究院编：《十九大以来重要文献选编》（中），中央文献出版社2021年版，第765页。

民生的角度来看，我国当前民生水平与实现社会主义现代化和中华民族伟大复兴所需要的民生水平之间还有一定的距离。因此，不管外部环境如何变化，我们必须牢牢立足基本国情不动摇，牢记民心是最大的政治，始终以改善民生为根本目的，以实事求是思想路线推进新时代马克思主义中国化进程，将工作真正落到实处。

党员领导干部要深入人民群众中去，问道于民，求计于民，根据人民群众的生活水平与实际存在的问题研判情势，促进各项工作向前发展。深入基层开展调查研究是极为重要的党开展工作的科学方法。党员领导干部必须亲身躬行，深入基层，走访群众，开展调研，切实了解人民群众最关心、最迫切需要解决的实际问题，不能走马观花、形式主义、官僚主义，更不能以会议贯彻会议、以文件落实文件。习近平总书记强调："长期以来，我们党在出台重要方针政策、作出重大决策部署前，都要求有关部门深入基层调查研究，了解和掌握第一手材料。"[①] 只有深入基层调查研究，实事求是思想路线才能真正贯彻落实到基层的各项工作当中。

---

① 习近平：《在基层代表座谈会上的讲话》，人民出版社2020年版，第3页。

实事求是

以实事求是思想路线推进新时代马克思主义中国化进程需要党始终以开放、包容、发展的眼光来看待各类问题和事物，这是马克思主义中国化命题的题中应有之义。以马克思主义的观点来看，世界上没有一成不变的事物。具体到政策而言，任何事关国计民生的决策都需要因时制宜地进行调整，否则会走上教条主义的错误道路。从中国共产党百年奋斗历程来看，无论革命战争时期的"左"倾和右倾错误，还是新中国成立后脱离实际的政治运动及发展挫折，归根结底是违背了实事求是思想路线，即没有对已经变化了的客观形势作出科学准确的判断，仍然用老眼光老方法试图解答新时代变化中的问题。马克思主义提供的绝非具体举措，而是立场观点方法。实事求是思想路线要求党能够将马克思主义基本原理同中国具体实际相结合、同中华优秀传统文化相结合，正确把握住客观规律和时代潮流，探索中国特色社会主义道路。

中国特色社会主义进入新时代，中国既处于向第二个百年奋斗目标迈进的关键期，又处于世界百年未有之大变局。[①] 中国共产党作为中国特色社会主义建设

[①] 中共中央党史和文献研究院编：《十九大以来重要文献选编》（中），中央文献出版社2021年版，第391页。

事业的领导核心,应该始终贯彻实事求是思想路线,时刻把握党情、民情、国情、世情的演化态势,以中国化时代化的马克思主义指导中国特色社会主义发展,应时顺势作出调整,一切从实际出发,做到具体问题具体分析地建设中国特色社会主义。

第三章　坚持实事求是，
就要正确把握我国基本国情

实事求是是中国共产党人认识世界、改造世界的根本要求，其目的在于，科学地认识中国国情，贯彻党的基本思想方法、工作方法、领导方法，把马克思主义基本原理同中国具体实际相结合，正确解决中国革命、建设、改革发展问题。坚持实事求是是我们党的优良传统。毛泽东同志在新中国成立后便曾指出："我们党是有实事求是传统的，就是把马列主义的普遍真理同中国的实际相结合。"① 毛泽东同志运用"实事求是"这一中国话语高度概括了马克思主义的世界观和方法论，并在实践中将其上升为中国共产党的思想路线，作为中国共产党人认识世界和改造世界的根本要求，成为了党带领人民推动实现各项事业成功的重要思想武器。② 习近平总书记明确指出："实事求是，

---

① 《毛泽东文集》第八卷，人民出版社1999年版，第237页。
② 董振华、谷瑶宝：《论实事求是的思想路线》，《理论学刊》2020年第5期。

是马克思主义的根本观点,是中国共产党人认识世界、改造世界的根本要求,是我们党的基本思想方法、工作方法、领导方法。不论过去、现在和将来,我们都要坚持一切从实际出发,理论联系实际,在实践中检验真理和发展真理。"①

一、实事求是地找到符合中国革命实际的正确道路

实事求是思想路线孕育于新民主主义革命时期,以马克思列宁主义为指导,根植中国大地并适应中国国情。鸦片战争后,中国陷入内忧外患、战祸频繁、山河破碎、民生凋敝的黑暗深渊。无数英雄烈士为了民族独立和人民解放,抛头颅、洒热血、前仆后继、不懈探索,都未能改变中国半殖民地半封建的社会性质和人民处于水深火热之中的悲惨遭遇。俄国的十月革命给中国人送来希望之曙光,中国的先进知识分子经过比较、鉴别、筛选,毅然选择了适合中国国情且具有科学真理的马克思列宁主义为理论指导。1921年中国共产党作为中国的马克思主义政党应运而生。在

---

① 《习近平谈治国理政》,外文出版社2014年版,第25页。

第二次国内革命战争时期，面对党内存在的"左"倾与右倾错误脱离中国革命的实际、奉行教条主义、机械照搬苏联经验等问题，毛泽东同志在提出"马克思主义中国化"任务的同时，提出了实事求是的思想路线，将马克思主义同中国革命实际相结合。

（一）牢固树立一切从实际出发的根本理念

马克思主义的辩证唯物主义和历史唯物主义的一个最基本的原理就是一切从客观存在出发，客观存在是第一性的，是决定其他一切问题的基础。整个马克思主义理论的大厦就是建立在这个基础之上的。马克思主义认为，要在把握事物发展规律的基础上，普遍联系地而不是孤立地、全面地而不是片面地、发展地而不是静止地、客观地而不是主观地观察、分析和解决问题。坚持和运用好辩证思维，必须坚持一切从客观实际出发，强化问题意识，防止主观主义倾向。实践作为主观见之于客观的活动，决定着认识的形成与发展。实践不仅是认识的源泉，而且是认识的动力，是检验认识是否具有真理性的根本标准，是认识的最终目的。实践活动是一种人与外部世界、主体与客体、个体与群体双向作用的过程。在这种活动中，主体与客体、人与环境获得了变化中的统一，真理的标准只

第三章　坚持实事求是，就要正确把握我国基本国情

能是社会的实践。毛泽东同志在1940年的《新民主主义论》中进一步强调了实践对真理的检验标尺作用。他认为："真理只有一个，而究竟谁发现了真理，不依靠主观的夸张，而依靠客观的实践。只有千百万人民的革命实践，才是检验真理的尺度。"① 1942年，在延安文艺座谈会上的讲话中，毛泽东同志进一步强调要通过坚持一切从实际出发的实践来探寻找到解决问题的真办法。他说："我们是马克思主义者，马克思主义叫我们看问题不要从抽象的定义出发，而要从客观存在的事实出发，从分析这些事实中找出方针、政策、办法来。"② 只有树立实事求是、一切从实际出发的实践第一的思想理念，才能为实践提供科学先导和理论指导。

（二）实事求是独立自主解决中国革命问题

中国共产党成立之初，宣传马克思主义的书籍十分匮乏，掌握马克思主义理论的党内人士少之又少，党不知该如何把产生于西方国家的马克思主义运用于中国的社会实际。毛泽东同志经过艰辛探索，逐渐认识到中国革命中遇到的现实问题在马克思主义经典作

---

① 《毛泽东选集》第二卷，人民出版社1991年版，第663页。
② 《毛泽东选集》第三卷，人民出版社1991年版，第853页。

家的书本上没有现成答案,也没有他国经验可供参考和借鉴,要想取得中国革命的胜利,必须将马克思主义运用于中国的社会实际,不断总结探索,找到新方法、新出路。毛泽东同志在新民主主义革命时期突破了对马克思主义教条化和把苏联经验神圣化的思想束缚,用实事求是的指导思想助推中国革命冲破主观主义和教条主义的思想藩篱,重新回归发展正道。[①] 对于旧中国来讲,中国革命成功的关键就在于团结占中国人口绝大多数的农民。在经过多次起义和罢工的实践后,1926年毛泽东同志在《中国社会各阶级的分析》这篇文章中提出了革命首先要分清敌友,并指出革命的成功与否在于是否能够团结真正的朋友以攻击真正的敌人。这些认识的重要性在于其对未来中国革命的理论指导意义。这篇文章中对革命的设想是从中国的具体实际得来的,是用实事求是的态度解决中国革命所面临的现实及理论问题。毛泽东同志从马克思主义哲学角度出发,联系中国社会实际,研究中国社会和中国革命的特点,分析和批判了党内存在的主观主义和教条主义等错误思想,领导全党确立了实事求是的思想路线,为新民主主义革命的伟

---

① 崔丽君、倪培强:《历史、实践、价值:新时代党坚持实事求是思想路线的三重逻辑》,《陇东学院学报》2022年第3期。

大胜利提供了思想保障。

(三) 依靠调查研究认识中国基本国情

要正确地改造中国，首先必须正确地认识中国国情。只有充分了解中国的国情，才能把马克思主义基本原理同中国具体实际结合起来。调查研究就是认识中国国情的唯一途径。[①] 毛泽东同志认为，不认真调查就决不能随便发言，中国革命斗争要取得胜利，关键在于通过调查了解中国的真实情况。"因此，我们需要时时了解社会情况，时时进行实际调查。"[②] "一切结论产生于调查情况的末尾，而不是在它的先头。"[③]

毛泽东同志对马克思主义基本原理进行了最简洁、最高度的概括，把它概括为"实事求是"四个字，并把它运用到中国革命的实践中和新中国成立初期社会主义建设的实践中。毛泽东同志还提出了将马克思主义与中国实际相结合，走有中国特色的革命道路，并带领中国人民取得了辉煌的胜利，使中国实现了社会制度的根本变革，走上了社会主义道路，取得了社会主义建设的初步成果。"农村包围城市，武装夺取政权"是对1927年大革命失败后中国共产党领导的红军

[①] 李宝平：《从实事求是到与时俱进》，辽宁民族出版社2003年版，第61页。
[②] 《毛泽东选集》第一卷，人民出版社1991年版，第110页。
[③] 《毛泽东选集》第一卷，人民出版社1991年版，第115页。

和根据地斗争经验的科学概括。它是在以毛泽东同志为主要代表的中国共产党人同当时党内盛行的把马克思主义教条化、把共产国际决议和苏联经验神圣化的错误倾向作坚决斗争的基础上逐步形成的。毛泽东同志不仅在实践中首先把革命的进攻方向指向了农村，而且从理论上阐明了武装斗争的极端重要性和农村应当成为党的工作中心的思想。"主观主义……对分析政治形势和指导工作，都非常不利。"① "没有调查，没有发言权。"② 毛泽东的《反对本本主义》，融中国"格物致知"思想于马克思主义理论中，将马克思主义的观点立场方法注入中国革命实践之中，批判了指导路线照搬苏联模式的教条主义错误，强调通过实际的调查活动去了解现实情况从而进一步展开革命，而不是僵化地照搬文本中的理论不顾现实情况。"依照战争的发展而发展；一成不变的东西是没有的。"③ 强调重视调查研究，坚持实践标准，强调辩证分析革命发展形势及开展武装斗争的重要意义。毛泽东同志在六届六中全会上首次使用了"实事求是"一词，指出共产党员应该是实事求是、高瞻远瞩的典范，脚踏实地地

---

① 《毛泽东选集》第一卷，人民出版社1991年版，第91页。
② 《毛泽东选集》第一卷，人民出版社1991年版，第109页。
③ 《毛泽东选集》第一卷，人民出版社1991年版，第173—174页。

第三章 坚持实事求是,就要正确把握我国基本国情

追求明确的目标。后在《新民主主义论》中将"实事求是"释义为科学态度,并开始明确以实事求是为客观真理,对教条主义、经验主义发出挑战。

土地革命时期,党内在短短几年时间连续发生三次"左"倾错误,从本质上看就在于没有做到"实事求是",没有弄清楚中国的具体国情,而能够防止这种错误再次发生的方法就在于切实做好调查研究。经过丰富的革命实践,为了纠正党内一些错误的思想,将中国革命拉回正轨,1930 年,毛泽东同志在寻乌调查后,写下《反对本本主义》。毛泽东同志在组织工人罢工、领导农民运动的伟大社会实践中,尤为注重进行科学的调查研究活动,在调查研究中深刻体悟人民疾苦、了解社会现实、研判中国国情,先后写下了《中国社会各阶级的分析》《湖南农民运动考察报告》等重要著述,充分认识到要探寻一条适合中国国情的革命道路,"不可不将中国社会各阶级的经济地位及其对于革命的态度,作一个大概的分析"[①]。在《中国社会各阶级的分析》中,毛泽东同志运用马克思主义的阶级分析的方法,结合中国革命的具体实践,论述了中国革命的对象、动力、性质和前途等一系列问题,初

---

① 《毛泽东选集》第一卷,人民出版社 1991 年版,第 3 页。

步提出了关于新民主主义革命的基本思想,为探索新民主主义革命理论作出了杰出的贡献,为党领导新民主主义革命的实践提供了理论指导。《湖南农民运动考察报告》具体阐明了中国革命中的无产阶级领导权的中心问题——农民同盟军问题,提出了中国共产党领导农民运动的正确理论和政策,成为以后新民主主义革命理论的重要组成部分,进一步解决了无产阶级正确对待农民这个最主要同盟军的重大原则问题。

(四)反复实践探寻中国革命正确道路

毛泽东同志指出:"要使马克思列宁主义的理论和中国革命的实际运动结合起来,是为着解决中国革命的理论问题和策略问题而去从它找立场,找观点,找方法的。这种态度,就是有的放矢的态度。'的'就是中国革命,'矢'就是马克思列宁主义。我们中国共产党人之所以要找这根'矢',就是为了要射中国革命和东方革命这个'的'的。这种态度,就是实事求是的态度。"① 推进马克思主义基本原理同中国具体实际相结合,来分析中国社会和中国革命的特点,从中找出中国革命的规律,才能找到合乎中国国情、合乎中国革命实际的正确道路。

---

① 《毛泽东选集》第三卷,人民出版社1991年版,第801页。

第三章 坚持实事求是,就要正确把握我国基本国情

在秋收起义中,毛泽东同志觉察到军队力量的不足,认识到中国革命斗争的主要形式是长期武装斗争。首先,基于攻打城市敌众我寡,农村敌人力量相对弱小的情况,毛泽东同志实事求是地将革命重心由城市转向敌人统治力量比较薄弱的农村,提出"农村包围城市,武装夺取政权"的革命道路,保存并发展了革命力量。其次,针对党内存在的主观主义和教条主义错误思想,毛泽东同志提出"没有调查,没有发言权"①的科学思想,以反对安于现状、墨守成规、迷信"本本"、不愿做实际调查的保守思想。强调党内领导干部要以身作则,到群众中做实地调查,并身体力行地多次前往农村考察调研,探索思考中国革命实践中出现的问题,为中国革命斗争的胜利提供了宝贵经验。最后,为了整顿党内思想不纯、作风不良等问题,毛泽东同志做了《改造我们的学习》《整顿党的作风》《反对党八股》等名篇,开展了整风运动,净化了党内政治风气。

选择什么样的革命路线是中国革命的一个重要问题。在中国革命的初期,中国共产党一直受到苏联"城市中心论"的影响,在这种强大的话语影响下,当

---

① 《毛泽东选集》第一卷,人民出版社1991年版,第109页。

时党内不同程度地多次出现了教条主义、主观主义现象。① 中国共产党在土地革命时期对农民运动的领导和革命新道路的开辟，实现了思想武装和武装斗争的完美结合，是马克思主义基本原理同中国具体实际相结合的产物。没有对农民的发动和组织，就找不到中国革命的同盟军；没有党的坚强领导，就难以改变历史上农民战争失败的命运。

以毛泽东同志为主要代表的中国共产党人，探索走"农村包围城市，武装夺取政权"的革命道路。农村包围城市的中国革命新道路，不仅在实践中纠正了教条对待马克思主义的错误，而且证明了必须把马克思主义基本原理和中国具体实际相结合才能保证革命走向成功。新道路的开辟，也是中国共产党开始走向成熟的标志。

从形成工农武装割据，到开辟中国革命新道路，最关键的是如何发动农民并实现党对农民运动的领导。这一时期，在进行艰辛理论探索和实践斗争的基础上，毛泽东同志先后写下了《中国的红色政权为什么能够存在?》《星星之火，可以燎原》等光辉著述，论证和诠释了"农村包围城市，武装夺取政权"的革命道路

---

① 郭俊：《毛泽东对实事求是话语体系的构建及其当代价值》，《山西能源学院学报》2022年第1期。

第三章 坚持实事求是,就要正确把握我国基本国情

"依何而成""何以走通""如何走好"等重大理论和实践问题,有力回击了当时党内外在革命道路选择问题上存在的诸多悲观情绪、模糊认识和错误观点。1929年12月,根据"九月来信"精神,毛泽东同志在《古田会议决议》中有力地吹响了"反对主观主义"的思想号角。① 毛泽东同志的实事求是思想在抗日战争时期于延安整风运动的党的建设伟大工程中走向成熟。他深刻强调:"马克思主义的中国化,使之在其每一表现中带着中国的特性,即是说,按照中国的特点去应用它,成为全党亟待了解并亟须解决的问题。"② 这说明了实事求是是中国共产党人推进马克思主义中国化时代化的必要遵循。1939年10月,在《〈共产党人〉发刊词》中,毛泽东同志又明确提出了"马克思列宁主义的理论和中国革命的实践相结合"③的科学命题,对党18年来的历史经验进行系统总结。在1940年1月,他又在《新民主主义论》中再次强调共产党人"科学的态度是'实事求是'"④,这标志着其实事求是思想进一步丰富。

---

① 《毛泽东选集》第一卷,人民出版社1991年版,第91页。
② 中共中央文献研究室、中央档案馆编:《建党以来重要文献选编(一九二一——一九四九)》第十五卷,中央文献出版社2011年版,第651页。
③ 《毛泽东选集》第二卷,人民出版社1991年版,第611页。
④ 《毛泽东选集》第二卷,人民出版社1991年版,第662页。

二、 实事求是地探索中国特色社会主义道路

"文化大革命"结束后,党和国家面临着向何处去的抉择。党的十一届三中全会后,我们党逐渐纠正了向社会主义过渡中存在的"左"的错误,认识到走社会主义道路,不能照搬马列主义的教条,更不能照抄照搬苏联的经验,而是应该根据中国的国情,实事求是地探索中国特色的社会主义道路。解放思想、实事求是,从实际出发建设社会主义,最大的"实际"就是中国的基本国情。因此,邓小平同志指出:"解放思想,开动脑筋,实事求是,团结一致向前看,首先是解放思想。只有思想解放了,我们才能正确地以马列主义、毛泽东思想为指导,解决过去遗留的问题,解决新出现的一系列问题,正确地改革同生产力迅速发展不相适应的生产关系和上层建筑,根据我国的实际情况,确定实现四个现代化的具体道路、方针、方法和措施。"① 国情是客观的,是不以任何人的主观意志为转移的,社会主义初级阶段的现实性、长期性,要求我们想问题、做事情必须从实际出发,从中国的国

---

① 《邓小平文选》第二卷,人民出版社1994年版,第141页。

情出发,而不能从主观愿望出发。正是如此,才使得全党重新回归到依据具体的时代发展趋势和国情变化特征,重新确立解放思想、实事求是的思想路线,将工作重心转移到经济建设上来,开启改革开放新天地,提出建立社会主义市场经济等重大改革措施。

(一)重新在全党确立解放思想、实事求是的思想路线

邓小平同志在《解放思想,实事求是,团结一致向前看》中指出:"实事求是,是无产阶级世界观的基础,是马克思主义的思想基础。过去我们搞革命所取得的一切胜利,是靠实事求是;现在我们要实现四个现代化,同样要靠实事求是。不但中央、省委、地委、县委、公社党委,就是一个工厂、一个机关、一个学校、一个商店、一个生产队,也都要实事求是,都要解放思想,开动脑筋想问题、办事情。"① 这实际上就说明了邓小平同志作为以毛泽东同志为主要代表的党的第一代中央领导集体的主要成员,对坚持实事求是的思想路线的坚定坚守。邓小平理论是马克思主义基本原理与当代中国实际和时代特征相结合的产物,是对改革开放新鲜经验的原创性总结。这个总结在1992

---

① 《邓小平文选》第二卷,人民出版社1994年版,第143页。

年南方谈话中最为突出。南方谈话集邓小平建设中国特色社会主义思想之大成,比较全面地论述了他长期思索的一系列重大问题。这是从党中央重新确立实事求是思想路线的思想自觉和行动自觉。

围绕着推进全面改革开放的时代要求,邓小平同志在实践中发展运用实事求是思想路线进行中国特色社会主义的伟大建设,灵活运用"一切从实际出发,实事求是"①的思想,来指导和推进改革开放和社会主义现代化建设事业。邓小平同志在改革开放初期进一步深化了党的实事求是思想,提出"解放思想、实事求是"的思想路线。邓小平同志提出:"高举毛泽东思想旗帜,坚持实事求是的原则。"②他深刻指出:"我们党有很多同志坚持学习马列主义、毛泽东思想,坚持把马列主义的普遍真理同革命实践相结合的原则,这是很好的,我们一定要继续发扬。但是,我们也有一些同志天天讲毛泽东思想,却往往忘记、抛弃甚至反对毛泽东同志的实事求是、一切从实际出发、理论与实践相结合的这样一个马克思主义的根本观点,根本方法。"③

以邓小平同志为代表的中国共产党人,冲破思想

---

① 唐立平、高照立:《从"北方谈话"到"南方谈话"——论邓小平理论精髓"实事求是"思想的形成和发展》,《邓小平研究》2018年第1期。
② 《邓小平文选》第二卷,人民出版社1994年版,第126页。
③ 《邓小平文选》第二卷,人民出版社1994年版,第114页。

第三章 坚持实事求是,就要正确把握我国基本国情

束缚,顺应时代要求和群众期盼,创造性地将马克思主义基本原理与中国改革开放具体实际相结合,探索出了一条符合中国国情的社会主义建设道路,由此开启了建设中国特色社会主义的伟大征程。邓小平同志强调:"我们的现代化建设,必须从中国的实际出发。无论是革命还是建设,都要注意学习和借鉴外国经验。但是,照抄照搬别国经验、别国模式,从来不能得到成功。这方面我们有过不少教训。把马克思主义的普遍真理同我国的具体实际结合起来,走自己的道路,建设有中国特色的社会主义,这就是我们总结长期历史经验得出的基本结论。"① 正如习近平总书记指出:"党的十一届三中全会以后,以邓小平同志为主要代表的中国共产党人,团结带领全党全国各族人民,深刻总结我国社会主义建设正反两方面经验,借鉴世界社会主义历史经验,创立了邓小平理论,作出把党和国家工作中心转移到经济建设上来、实行改革开放的历史性决策,深刻揭示社会主义本质,确立社会主义初级阶段基本路线,明确提出走自己的路、建设中国特色社会主义,科学回答了建设中国特色社会主义的一系列基本问题,制定了到二十一世纪中叶分三步走、

---

① 《邓小平文选》第三卷,人民出版社1994年版,第2—3页。

基本实现社会主义现代化的发展战略,成功开创了中国特色社会主义。"①

(二) 依据国情实际开启全面改革开放新局面

随着解放思想和实事求是思想路线在全党的逐步确立,全党团结带领全体人民把关注点更多地放在经济和民生上。我国的经济体制改革大幕是从农村拉开的。改革的核心是改革农业生产经营形式,打破平均主义"大锅饭",废除"三级所有,队为基础"的人民公社体制,推行以家庭联产承包责任制为主的多种形式的生产责任制,建立宜统则统、宜分则分的统分结合的双层经营体制。1978年,安徽、四川的一些基层干部和农民群众首先开始试行土地包产到组、包产到户、包干到户的农业生产责任制。安徽省凤阳县梨园公社小岗村生产队,最先搞起包干到户。小岗村包干到户的第一年就大见成效,粮食产量是过去5年的总和,油料总产是以往20年的总和,人均收入增加6倍多。邓小平同志后来认为,农村实行家庭联产承包责任制是一种带革命意义的改革。在邓小平同志的支持下,我国的家庭联产承包责任制如燎原烈火,在很

---

① 中共中央党史和文献研究院编:《十九大以来重要文献选编》(上),中央文献出版社2019年版,第722页。

第三章 坚持实事求是,就要正确把握我国基本国情

短的时间席卷全国。农村家庭联产承包责任制是思想解放的产物,找到了适应农村经济活动特点和农村生产力发展要求的合作经济组织形式。中国农村经济开始走向繁荣之路。

新中国成立以来,特别是从20世纪50年代末60年代初开始,我国基本上执行了一条关起门来搞建设的方法。对此,邓小平同志指出:"独立自主不是闭关自守,自力更生不是盲目排外。科学技术是人类共同创造的财富。任何一个民族、一个国家,都需要学习别的民族、别的国家的长处,学习人家的先进科学技术。"[1] 因此,"中国要谋求发展,摆脱贫穷和落后,就必须开放"[2]。在邓小平同志的倡导下,我们党和国家作出了对外开放的战略决策。对外开放基本国策的确立是解放思想、实事求是的产物。

思想的解放,吸入了清新的空气,越来越多的人把注意力投入到开放上。1979年4月中央工作会议期间,邓小平同志听取了广东省负责人习仲勋、杨尚昆关于广东省吸引外资、加快发展的方案汇报,而后说出了他深思熟虑的办经济特区的思想:"对,办一个特区……陕甘宁就是特区嘛。中央没有钱,要你们自己

---

[1] 《邓小平文选》第二卷,人民出版社1994年版,第91页。
[2] 《邓小平文选》第三卷,人民出版社1993年版,第266页。

搞，杀出一条血路来！"① 按照邓小平的思路，从中央到各省都在进行创造性的工作，走出新路，在认识上也逐步由"出口特区""经济特区"到"综合特区"。1979年党中央、国务院同意在深圳、珠海、汕头和厦门试办出口特区，1980年正式批准这四个特区为经济特区，把它们作为我国新时期改革开放的窗口。经济特区是解放思想的产物。邓小平同志明确指出，兴办经济特区是我们改革开放的一项试验，"它是社会主义的新生事物"②。经济特区还是实事求是、一切从实际出发的产物。我国在条件适宜的地方，划出一块行政区为经济特区。深圳毗邻香港，交通便利，土地宽阔，更有与香港及海外的天然联系。珠海、汕头、厦门同样有优越的条件：这些地区对吸引港澳资、侨资、外资，发展房地产、加工业、旅游业等，极富吸引力；位于东南沿海，港口良好，厦门有通商基础，珠海接邻香港，对拓展对外贸易、通过港澳枢纽与国际市场接轨等大有裨益。实践证明，特区确实起到了改革的试验基地和开放窗口的作用，从兴办特区开始逐步对外开放无疑是一个正确的决策。

---

① 卢洁：《新中国故事》，中译出版社2017年版，第273页。
② 《邓小平文选》第三卷，人民出版社1993年版，第130页。

第三章　坚持实事求是，就要正确把握我国基本国情

（三）依据国情确立社会主义初级阶段发展方针

正确认识当代中国社会主义所处的历史阶段，是中国社会主义建设的基本问题。邓小平同志指出："过去搞民主革命，要适合中国情况，走毛泽东同志开辟的农村包围城市的道路。现在搞建设，也要适合中国情况，走出一条中国式的现代化道路。"① 党的十一届三中全会后，正确认识我国社会所处的历史阶段，是建设有中国特色的社会主义的首要问题。邓小平同志和我们党在总结历史、拨乱反正和改革开放中重新研究国情，主张建设有中国特色的社会主义，根本点在于从中国的国情出发，而国情主要是指社会的性质和它的发展状况，尤其是所处的历史阶段。中国共产党从中国社会主义初级阶段的基本国情出发，制定了建设有中国特色的社会主义的基本路线。历史和现实告诉我们，只有毫不动摇地坚持党的基本路线，才能保证改革开放和社会主义现代化建设的顺利进行。

1986年9月，十二届六中全会通过的《关于社会主义精神文明建设指导方针的决定》进一步指出："我

---

① 《邓小平文选》第二卷，人民出版社1994年版，第163页。

国还处在社会主义的初级阶段，不但必须实行按劳分配，发展社会主义的商品经济和竞争，而且在相当长历史时期内，还要在公有制为主体的前提下发展多种经济成分，在共同富裕的目标下鼓励一部分人先富裕起来。"[1] 这些论述和探索为社会主义初级阶段理论的形成奠定了理论和现实基础。系统论述社会主义初级阶段的问题是在党的十三大。根据邓小平同志批准的设计，1987年十三大报告把我国还处在社会主义初级阶段作为整个报告立论的基础，从这个基本国情出发，来说明我国经济建设、经济体制改革、政治体制改革、党的建设、避免"左"、右两种倾向等各项任务。[2] 我国目前正处于并将长期处于社会主义初级阶段，这是对我国现阶段基本国情的准确定位，是党的基本路线立论的根据，还是一个面对现实，解放思想、实事求是，从本国国情出发的理论。因此，社会主义初级阶段，是我们党坚持解放思想、实事求是的思想路线，从现实出发，重新认识现阶段的基本国情作出的最基本、最准确的科学判断。

---

[1] 中共中央文献研究室编：《十二大以来重要文献选编》（下），中央文献出版社2011年版，第127页。
[2] 李宝平：《从实事求是到与时俱进》，辽宁民族出版社2003年版，第163页。

（四）成功探索建立完善社会主义市场经济体制

我国原有的经济体制是在20世纪50年代形成的高度集中的计划经济体制，社会主义计划经济在较短的时期内迅速建立起现代工业体系与国防体系，这是计划经济的优越性所在。计划经济在中国经济发展中曾经起到了巨大的作用：集中全国有限的人力、物力、财力，充分利用有限的资源、资金和技术，加速重点建设，在很短的时间里恢复国民经济；加快工业化进程，促进经济的飞跃发展起到了积极作用，使我国建立了独立的比较完整的工业体系和国民经济体系。但是，随着社会主义改造任务的完成，经济规模不断扩大，经济联系日益复杂，这种经济体制的弊端逐渐暴露出来，主要表现在：政企不分，条块分割，国家对企业统得过多过死；忽视商品生产、价值规律的作用；分配中存在着严重的平均主义现象；经济形式和经营方式单一化。[①] 计划经济主要通过行政方式管理经济，经济管理工作缺乏科学性。随着我国社会经济不断发展和历史条件的变化，计划经济反过来成为生产力发展的桎梏。

---

① 李宝平：《从实事求是到与时俱进》，辽宁民族出版社2003年版，第154页。

为此,邓小平同志解放思想、实事求是地指出:"要发展生产力,经济体制改革是必由之路。"① 并进一步率先提出:"社会主义也可以搞市场经济。"② 1982年,党的十二大提出了计划经济为主,市场调节为辅的原则。这无疑是思想解放的产物,更是思想理念的前进。它承认了市场调节在社会主义条件下的必要性和有益性,允许市场合法存在,这就大大解放和发展了城乡生产力。1984年,党的十二届三中全会通过的《中共中央关于经济体制改革的决定》明确提出了有计划的商品经济理论,突破了把社会主义和商品经济对立起来的传统观念,打破了资本主义对商品经济属性的独占地位。到1991年,邓小平同志进一步指出:"不要以为,一说计划经济就是社会主义,一说市场经济就是资本主义,不是那么回事,两者都是手段,市场也可以为社会主义服务。"③ 邓小平同志关于社会主义也可以搞市场经济的思想,冲破了传统计划经济体制顽固的理论堡垒,为经济体制改革指明了方向。1992年1月18日至2月21日,中国改革开放和现代化建设的总设计师邓小平同志在南方视察并发表一系列重要

---

① 《邓小平文选》第三卷,人民出版社1993年版,第138页。
② 《邓小平文选》第二卷,人民出版社1994年版,第236页。
③ 《邓小平文选》第三卷,人民出版社1993年版,第367页。

谈话，深刻回答长期束缚人们思想的许多重大认识问题，把改革开放和现代化建设推进到新阶段。党的十四大明确提出建立社会主义市场经济体制的目标。1993年，党的十四届三中全会作出了《中共中央关于建立社会主义市场经济体制若干问题的决定》，指出了当时我国经济体制改革面临的新形势和新任务，系统勾画了我国社会主义市场经济体制的基本框架和蓝图。建立社会主义市场经济体制，就是要使市场在国家宏观调控下对资源配置起基础性作用。

三、实事求是地开启新时代中国特色社会主义

党的十八大以来，中国特色社会主义进入新时代。以习近平同志为核心的党中央，深入贯彻落实实事求是的思想路线，并将思想路线、政治路线、组织路线和群众路线等有机结合起来。"坚持实事求是，就能兴党兴国；违背实事求是，就会误党误国。"[1] 中国迈入新时代，习近平总书记也深刻地认识到实事求是的重要性，告诫全党："全党要牢牢把握社会主义初级阶段这个基本国情，牢牢立足社会主义初级阶段这个最大

---

[1] 中共中央宣传部编：《习近平新时代中国特色社会主义思想学习纲要》，人民出版社2019年版，第243页。

实际。"① 习近平总书记以马克思主义理论家、政治家、战略家的风范和胆识,战略擘画、系统谋划、精准策划,形成了全面深化改革、全面依法治国、全面从严治党、全面建成小康社会和全面建设社会主义现代化国家的"四个全面"战略布局和推进经济建设、政治建设、文化建设、社会建设、生态文明建设的"五位一体"总体布局,坚定团结带领全国各族人民实现全面建成小康社会的第一个百年奋斗目标,开启全面建设社会主义现代化国家新征程。

(一) 立足实际成功拓展中国式现代化

党的二十大报告指出:"在新中国成立特别是改革开放以来长期探索和实践基础上,经过十八大以来在理论和实践上的创新突破,我们党成功推进和拓展了中国式现代化。"② 并强调:"中国式现代化,是中国共产党领导的社会主义现代化,既有各国现代化的共同特征,更有基于自己国情的中国特色。""中国式现代化的本质要求是:坚持中国共产党领导,坚持中国特

---

① 习近平:《决胜全面建成小康社会 夺取新时代中国特色社会主义伟大胜利——在中国共产党第十九次全国代表大会上的讲话》,《人民日报》2017年10月28日。
② 习近平:《高举中国特色社会主义伟大旗帜 为全面建设社会主义现代化国家而团结奋斗——在中国共产党第二十次全国代表大会上的报告》,人民出版社2022年版,第22页。

色社会主义，实现高质量发展，发展全过程人民民主，丰富人民精神世界，实现全体人民共同富裕，促进人与自然和谐共生，推动构建人类命运共同体，创造人类文明新形态。"① 这些重要论述都集中体现了新时代十年的伟大变革，党成功推进和拓展了中国式现代化。

习近平总书记在新进中央委员会的委员、候补委员和省部级主要领导干部学习贯彻习近平新时代中国特色社会主义思想和党的二十大精神研讨班开班式上发表重要讲话，深刻阐述了中国式现代化的一系列重大理论和实践问题，进一步强调了党的领导，指出："党的领导直接关系中国式现代化建设的根本方向、前途命运、最终成败。""一个国家走向现代化，既要遵循现代化一般规律，更要符合本国实际，具有本国特色。中国式现代化既有各国现代化的共同特征，更有基于自己国情的鲜明特色。""实践证明，中国式现代化走得通、行得稳，是强国建设、民族复兴的唯一正确道路。"②

---

① 习近平：《高举中国特色社会主义伟大旗帜　为全面建设社会主义现代化国家而团结奋斗——在中国共产党第二十次全国代表大会上的报告》，人民出版社2022年版，第23—24页。
② 习近平：《正确理解和大力推进中国式现代化》，《人民日报》2023年2月8日。

（二）坚定不移推进全面深化改革

习近平新时代中国特色社会主义思想是马克思主义中国化时代化最新的理论创新成果。这一伟大理论正是在坚持解放思想、实事求是、与时俱进、求真务实的基础上形成、发展和臻于完善的。新时代下，人民对于美好生活的需要日益广泛，多元化、深层次需求提升，我国经济社会发展进入了"新常态"。在强调统筹推进"五位一体"总体布局与协调推进"四个全面"战略布局的基础上，为避免社会发展过程中单面突进而造成失衡、失和、失调的现象，保证社会发展的整体性，习近平总书记提出了创新、协调、绿色、开放、共享的新发展理念，深刻地回答了建成富强民主文明和谐美丽的社会主义现代化强国之问。[①]

一是把握新发展阶段，贯彻新发展理念，构建新发展格局，立足中国经济发展不平衡的现实基础不断深化改革开放。我国国土十分辽阔，各省份在资源、气候、人文等方面存在明显的差异，在历史发展过程中各地发展水平各异。自1978年改革开放以来，东部沿海地区获得了较快发展。与东部发达地区相比，一

---

① 毛文璐：《毛泽东实事求是思想与中国共产党理论创新》，《中共云南省委党校学报》2018年第2期。

些西部省份由于历史条件、自然环境、交通设施等方面原因，在经济社会发展上相对滞后，这在客观上造成了不同区域之间的经济社会发展不平衡。这种不平衡在改革开放以来的发展实践中是客观存在的，体现为区域之间的差距、省份之间的差距、城乡之间的差距等，并具体体现为人均收入、受教育水平等方面的差距。随着中国特色社会主义进入新时代，中国社会主要矛盾转化为人民日益增长的美好生活需要和不平衡不充分的发展之间的矛盾。推动开放发展，要立足于发展不平等和发展差距，既要积极实施"一带一路"倡议，扩大对外开放，积极参与经济全球化，又要不断扩大国内中西部地区的开放发展，以提升中西部地区的开放水平，促进经济社会发展，解决其不平衡不充分的矛盾与难题。①

中国共产党根植于马克思主义经济发展理论，推动其中国化，并运用马克思主义经济发展理论中国化的成果，领导和带动中国经济发展。高质量发展是中国共产党经济发展思想的最新理论成果，是几代共产党人思想和智慧的结晶。② 毛泽东同志强调在实地的调

---

① 参见陆鹏、吕勇：《建设新时代中国特色社会主义壮美广西：理论内涵与实践路径》，研究出版社2022年版，第122页。
② 张涛：《高质量发展的理论阐释及测度方法研究》，《数量经济技术经济研究》2020年第5期。

实事求是

查研究中去总结适合自身的发展模式，其所著的《中国社会各阶级的分析》《反对本本主义》①等，都折射出清晰的实事求是的发展逻辑和活的灵魂。从邓小平同志的"发展才是硬道理"、江泽民同志的"发展是党执政兴国的第一要务"、胡锦涛同志的科学发展观以及党的十八大以来对发展理念、方式、战略的全方位创新，都是高质量发展理论提出的理论前提。② 尤其是习近平总书记提出的创新、协调、绿色、开放、共享的新发展理念，是新时代中国特色社会主义政治经济学的"理论之魂"③。因此，高质量发展理论和实践的不断丰富完善，也推进了习近平总书记的经济思想的日臻完善。习近平总书记强调："着力践行以人民为中心的发展思想……体现了我们党全心全意为人民服务的根本宗旨，体现了人民是推动发展的根本力量的唯物史观。"④ 以上这些论述，都高度重视人性、人道、人本在物质生产、经济增长、内在规律、未来社会发展过程中的本质与本性，进而彰显出早期包容性增长、

---

① 参见《毛泽东选集》第一卷，人民出版社1991年版，第3—11、109—118页。
② 田秋生：《高质量发展的理论内涵和实践要求》，《山东大学学报》（哲学社会科学版）2018年第6期。
③ 洪银兴、刘伟、高培勇等：《"习近平新时代中国特色社会主义经济思想"笔谈》，《中国社会科学》2018年第9期。
④ 《习近平谈治国理政》第二卷，外文出版社2017年版，第213页。

第三章　坚持实事求是，就要正确把握我国基本国情

人的全面发展的理念萌发，与以习近平同志为核心的党中央在"三新"理念下推动高质量发展理论与实践中的坚持以人民为中心的发展思想、深化供给侧结构性改革、构建国内国际双循环、推动实现共同富裕等在发展理念上契合、在发展实践逻辑上相互耦合，是习近平经济思想的理论源头和实践根基。

党的十八大以来，以习近平同志为核心的党中央，着眼全面建成小康社会、实现社会主义现代化和中华民族伟大复兴，作出"四个全面"战略布局、"五位一体"总体布局，不断深化对社会主义经济发展规律的认识和把握。针对发展不平衡不充分的问题，在党的十九大报告中，习近平总书记指出："我国经济已由高速增长阶段转向高质量发展阶段。"[①] 他进一步指出，经济社会发展必须以推动高质量发展为主题。[②]

习近平总书记围绕深化供给侧结构性改革，推动质量变革、效率变革、动力变革，建设现代化经济体系等重大理论和现实问题，发表一系列重要论述，作出一系列重大决策部署。他指出："供给侧结构性改

[①] 习近平：《决胜全面建成小康社会　夺取新时代中国特色社会主义伟大胜利——在中国共产党第十九次全国代表大会上的报告》，《人民日报》2017年10月28日。

[②] 习近平：《高举中国特色社会主义伟大旗帜　为全面建设社会主义现代化国家而团结奋斗——在中国共产党第二十次全国代表大会上的报告》，《人民日报》2022年10月26日。

革，说到底最终目的是满足需求，主攻方向是提高供给质量，根本途径是深化改革。"①

习近平总书记就现代化经济体系进行了深刻阐释，指出"我们建设的现代化经济体系，要借鉴发达国家有益做法，更要符合中国国情、具有中国特色"，"需要扎实管用的政策举措和行动"，"要建设创新引领、协同发展的产业体系"。② 同时，他指出要建设统一开放、竞争有序的市场体系，建设体现效率、促进公平的收入分配体系，建设彰显优势、协调联动的城乡区域发展体系，建设资源节约、环境友好的绿色发展体系，建设多元平衡、安全高效的全面开放体系，建设充分发挥市场作用、更好发挥政府作用的经济体制，并强调这几个体系是统一整体，要一体建设、一体推进。③

党的十九届五中全会前后，习近平总书记对立足新发展阶段、贯彻新发展理念、构建新发展格局、推动高质量发展等发表一系列重要讲话、作出一系列重要指示。新冠疫情暴发后，习近平总书记就统筹新冠疫情与经济社会发展工作发表了一系列重要讲话和重

---

① 中共中央宣传部、国家发展和改革委员会编：《习近平经济思想学习纲要》，人民出版社2022年版，第65页。
② 习近平：《深刻认识建设现代化经济体系重要性 推动我国经济发展焕发新活力迈上新台阶》，《人民日报》2018年2月1日。
③ 习近平：《深刻认识建设现代化经济体系重要性 推动我国经济发展焕发新活力迈上新台阶》，《人民日报》2018年2月1日。

要指示，高效统筹、协同推进，防住疫情蔓延，稳住经济大盘。

二是积极稳慎推进其他方面改革发展。党的十八大以来，在以习近平同志为核心的党中央坚强领导下，贯彻落实新发展理念，坚定不移全面深化改革，社会主义市场经济体制更加系统完备、更加成熟定型，推进国家治理体系和治理能力现代化不断提升。从2012年到2022年的十年间，居民收入持续稳定向好。全国居民人均可支配收入实现翻一番，由1.65万元增至3.51万元。城乡居民收入倍差逐年收窄，由2.88缩小至2.50。居民可支配收入最高最低省份收入倍差由4.50降至3.54。中等收入群体已超过4亿人，形成了世界上规模最大、最具活力的中等收入群体。[①] 教育领域综合改革、户籍制度改革、养老服务业综合改革、城乡养老保险并轨等全面推进。截至2020年底，各方面共推出2485个改革方案，涉及衣、食、住、行、教育、医疗、养老等各环节和经济社会各领域的基础性制度框架基本确立，党的十八届三中全会提出的改革目标任务总体如期完成。党的十九届六中全会通过的《中共中央关于党的百年奋斗重大成就和历史经验的决

---

① 《十年全面深化改革 推动中国发生历史性巨变》，2022年9月29日，https://www.ndrc.gov.cn/wsdwhfz/202209/t20220929_1337669.html。

议》深刻指出,"党坚持改革正确方向","加强顶层设计和整体谋划,增强改革的系统性、整体性、协同性,激发人民首创精神,推动重要领域和关键环节改革走实走深。党推动改革全面发力、多点突破、蹄疾步稳、纵深推进,从夯基垒台、立柱架梁到全面推进、积厚成势,再到系统集成、协同高效,各领域基础性制度框架基本确立,许多领域实现历史性变革、系统性重塑、整体性重构"。①

(三)扎实有效推进全面依法治国

党的十八大以来,以习近平同志为核心的党中央将全面依法治国纳入"四个全面"战略布局统筹推进。我们党从坚持和发展中国特色社会主义全局出发,从实现国家治理体系和治理能力现代化的高度,提出了全面依法治国这一重大战略部署,把党的领导贯彻到全面依法治国的全过程和各方面,为全面建成小康社会、全面深化改革、全面从严治党提供长期稳定的法治保障。2020年11月召开的中央全面依法治国工作会议,第一次以党中央工作会议形式研究部署全面依法

---

① 《中共中央关于党的百年奋斗重大成就和历史经验的决议》,《人民日报》2021年11月17日。

治国，明确了习近平法治思想的指导地位。[①] 习近平总书记以马克思主义政治家、思想家、战略家的深刻洞察力和理论创造力，将马克思主义法治理论与中国法治实践相结合，深入回答了我国社会主义法治建设的一系列重大理论和实践问题，在理论上有许多重大突破、重大创新、重大发展，深化了我们党对共产党执政规律、社会主义建设规律和人类社会发展规律的认识，为马克思主义法治理论作出了重大原创性贡献，开辟了中国特色社会主义法治理论和实践新境界。党的二十大开启了全面依法治国新征程，作出推进法治中国建设战略部署，基本形成全面依法治国总体格局，谱写了习近平法治思想新篇章。

（四）纵深推进全面从严治党

党的十八大以来，以习近平同志为核心的党中央统筹把握中华民族伟大复兴战略全局和世界百年未有之大变局，以高度使命感、坚定决心、空前力度推进全面从严治党，打出一套自我革命"组合拳"，推动新时代全面从严治党取得了历史性、开创性成就，产生了全方位、深层次影响，探索出依靠党的自我革命跳

[①] 《中国这十年，全面依法治国取得历史性成就》，2022年7月28日，https://www.spp.gov.cn/spp/tt/202207/t20220728_568720.shtml。

出历史周期率的成功道路。新时代十余年来，全面从严治党政治引领和政治保障作用充分发挥，党在革命性锻造中更加坚强有力，焕发出新的强大生机活力，开辟了百年大党自我革命的新境界。①

一是政治引领保障党的自我革命正确政治方向。习近平总书记强调："旗帜鲜明讲政治、保证党的团结和集中统一是党的生命，也是我们党能成为百年大党、创造世纪伟业的关键所在。"② 党的十八大以来，以习近平同志为核心的党中央身体力行、率先垂范，坚持思想建党、组织建党和制度治党紧密结合，集中整饬党风，严厉惩治腐败，净化党内政治生态，推进全面从严治党，把党风廉政建设和反腐败斗争提升到新高度，在腐败治理的态度、体制机制构建，以及具体方式方法方面创造性地提出了一系列新理念、新思路和新举措。完善党领导人大、政府、政协、监察机关、审判机关、检察机关、武装力量、人民团体、企事业单位、基层群众性自治组织、社会组织等制度，确保党在各种组织中发挥领导作用。坚持和完善民主集中制，健全党中央对重大工作的领导体制，完善推动党

---

① 中国纪检监察学院党委理论学习中心组：《全面从严治党这十年》，《中国纪检监察报》2022年10月9日。
② 习近平：《在党史学习教育动员大会上的讲话》，《求是》2021年第7期。

中央重大决策部署落实机制，严格执行向党中央请示报告制度。严明政治纪律和政治规矩，坚决治理"七个有之"问题，落实中央八项规定正风肃纪，以上率下发挥头雁效应，加强思想教育，开展党内巡视监督，"打虎""猎狐""拍蝇"铁腕反腐，加强从严治吏制度建设，把权力关进制度的笼子里，营造风清气正的党内政治生活日常规范。

二是强化监督执纪丰富自我革命实现路径。习近平总书记强调："加强纪律建设是全面从严治党的治本之策。"① "党的作风是党的形象，是观察党群干群关系、人心向背的晴雨表。"② 党的十八大以来，以习近平同志为核心的党中央把"坚持党要管党、全面从严治党"作为新时代党的建设的根本方针。"全面"是基础。体现为管党治党对象全覆盖、领域全范围、责任全担负，人人、处处、时时纳入其中，无一例外。"严"是关键。坚持严字当头，把严的要求贯彻全过程，做到真管真严、敢管敢严、长管长严。"治"是要害。坚持标本兼治，以猛药去病、重典治乱的决心，以刮骨疗毒、壮士断腕的勇气，拔"烂树"、治"病

---

① 《中共中央政治局召开会议 习近平主持会议》，《人民日报》2015年10月13日。
② 习近平：《在庆祝中国共产党成立95周年大会上的讲话》，《求是》2021年第8期。

树"、正"歪树"。把党建设成为始终走在时代前列、人民衷心拥护、勇于自我革命、经得起各种风浪考验、朝气蓬勃的马克思主义执政党是新时代党的建设目标，这集中体现了党的性质、宗旨、纲领，体现了新时代共产党人的价值取向、政治定力、使命担当。坚定不移推进反腐败斗争，不断实现不敢腐、不能腐、不想腐一体推进战略目标，是习近平总书记明确的一个基本要求。不敢腐、不能腐、不想腐是相互依存、相互促进的有机整体，必须统筹联动，增强总体效果。要以严格的执纪执法增强制度刚性，推动形成不断完备的制度体系、严格有效的监督体系，加强理想信念教育，提高党性觉悟，夯实不忘初心、牢记使命的思想根基。既要把"严"的主基调长期坚持下去，又要善于做到"三个区分开来"；既要合乎民心民意，又要激励干部担当作为，充分运用"四种形态"提供的政策策略，把严明政治纪律和组织纪律作为纪律建设的重点工作，带动各项纪律全面严起来，通过有效处置化解存量、强化监督遏制增量，实现政治效果、纪法效果、社会效果有机统一。坚决防止"四风"问题反弹回潮，以"零容忍"态度严肃查处"四风"突出问题，切实整治群众身边腐败和不正之风。在十九届中央纪委三次全会上的重要讲话中，习近平总书记将力戒形式主义、官僚主义作为加强党的政治建设,保证全党集中统一、令行禁止的重要任务来部署。形式主义、官僚主义同我们党的性质宗旨和优良作风格格不入,是我们党的大敌、人民的大敌。习近平总书记对整治形式主义、官僚主义始终高度重视、要求一以贯之,要求全党充分认识形式主义、官僚主义的长期性、复杂性、多样性、变异性,坚决与之作斗争。

三是有效制度体系提供自我革命重要保障。健全自我革命机制是坚守初心使命的重要保证。我们党自成立以来特别是党的十八大以来,逐步形成党内制度化的自动纠错体系,建立健全了自我革命机制。在推进伟大社会变革的进程中,通过深化标本兼治,一体推进不敢腐、不能腐、不想腐的制度体系建设,涵盖党的政治建设、思想建设、组织建设、作风建设、纪律建设和反腐败斗争等各个方面。习近平总书记强调:"自我监督是世界性难题,是国家治理的哥德巴赫猜想。"① 强化监督是推进全面从严治党向纵深发展的重要法宝,是深入推进反腐败斗争的利器。着力在日常监督、长期监督上探索创新、实现突破,勇于开展批评和自我批评,敢于咬耳扯袖、红脸出汗,注重谈话

---

① 中共中央党史和文献研究院编:《十九大以来重要文献选编》(上),中央文献出版社2019年版,第198页。

和函询相结合,加大对函询结果抽查核实力度,推动形成监督与接受监督的浓厚氛围。深化政治巡视,统筹安排常规巡视、专项巡视、机动巡视和巡视"回头看",完善纪检监察机关、组织部门加强整改日常监督的工作机制,建立巡视巡察上下联动监督网。强化政治担当,督促各级党组织、党员干部认真落实监督责任,主动严肃、具体地履行日常监督职责,综合运用听取汇报、个别谈话、检查抽查、列席民主生活会等形式,深化近距离、常态化的监督。充分运用互联网、大数据等现代信息技术,建设覆盖纪检监察系统的检举举报平台,提升监督质量和效果,推进纪律监督、监察监督、派驻监督、巡视监督协调衔接,推动党内监督同其他监督有效贯通,健全和完善监督体系。

第四章　坚持实事求是，就要为人民利益坚持真理、修正错误

敢于坚持真理、勇于修正错误，是彻底的马克思主义者应当具有的理论品质，也是成熟的马克思主义执政党应当具备的政治品格和显著标志。回顾党的百年奋斗历程，中国共产党之所以能够不断发展壮大，不断带领人民创造举世瞩目的丰功伟业，一个重要原因，就是始终坚持科学理论武装和指导，不断把马克思主义基本原理同中国具体实际相结合、同中华优秀传统文化相结合，在实践中坚持真理、修正错误、守正创新，不断总结经验、检验真理、发展真理，不断推动党的理论创新，实现党的指导思想与基本理论的与时俱进，用发展了的科学理论指引变化的实践。

一、实事求是与人民利益的一致性

为中国人民谋幸福、为中华民族谋复兴，为人类

谋进步、为世界谋大同，是新时代中国共产党人的初心使命。这一初心和使命蕴含着"以人民为中心"的价值取向，不断勉励及鞭策一代又一代中国共产党人栉风沐雨、砥砺前进。党的十九届四中全会把"不忘初心、牢记使命"作为一项制度确立下来，为中国共产党继往开来推进伟大事业奠定了重要制度基础。党员干部如何在工作实践中践行初心使命，如何以更好的精神状态为中华民族伟大复兴贡献智慧和力量，关键一点就是要为人民利益站稳人民立场，牢牢把握实事求是的基本原则。

（一）坚持实事求是要坚持人民利益至上的原则

当今世界面临百年未有之大变局，进入新时代、迈向新征程，在新的历史条件下，国内外局势复杂多变，中国共产党人高举马克思主义的伟大旗帜，坚持中国特色社会主义发展道路。在推进中国特色社会主义现代化的生动实践中，把坚持马克思主义与发展马克思主义统一起来，不断解放思想、实事求是，对理论和实践都采取了彻底的唯物主义态度，而彻底的唯物主义就是无所畏惧的。值得注意的是，中国共产党所秉持的彻底唯物主义的态度和立场，坚持和发展马克思主义的理论动力、理论境界、理论勇气，归根到

第四章 坚持实事求是，就要为人民利益坚持真理、修正错误

底，核心内力来源于人民，来源于坚持人民利益至上的马克思主义的世界观和方法论。作为马克思主义政党，中国共产党坚持践行人民群众是历史创造者的唯物史观，在推动中国特色社会主义现代化的生动实践中，坚持人民群众是真正的实践主体与价值主体，秉持人民群众是真正的英雄的价值理念，始终依靠人民。全心全意为人民服务，这是我们党的根本宗旨。在坚持和发展马克思主义这一问题上，在推进马克思主义中国化时代化的进程中，要充分认识到坚持实事求是与坚持人民利益至上的一致性。

一是坚持从实践出发与坚持人民利益的统一。究竟是从实践出发还是从书本出发，这是在马克思主义中国化过程中所遇到的一个重大理论和实践问题。事实上，这个问题还可转述为，究竟是向人民负责还是向书本负责。从实践出发就意味着要与人民的需求和愿望相一致相契合。需要注意的是，把从人民利益出发与从书本出发相互对立起来是不恰当的。如果从马克思主义的经典文本来看，马克思主义经典文本是站在人民立场的，是和人民利益相一致的。因此，坚持用马克思主义来认识世界、改造世界，以理论来指导实践，就是对人民负责，就是为人民谋利益。当然，马克思主义经典著作中的一些具体表述具有特定的历

史场域和话语语境,随着时代的激剧变迁,这些表述所依凭的实践语境发生了新的变化。因此,如果仅仅从经典文本出发,用断章取义的经典来指导具体实践,可能会面临不符合实际的情况,这种不符合实际或者脱离实际也可能会损害人民群众的根本利益。从这个意义上看,要做到对人民负责,就要对人民的根本利益负责。这意味着,我们的一切工作需要书本的理论指导,但是归根结底要从实际出发,而不能仅仅从书本出发。邓小平同志在南方谈话中强调:"实事求是是马克思主义的精髓,要提倡这个,不要提倡本本。"[①]同时,这意味着,坚持实事求是,就是坚持对人民负责、对实践负责的彻底的唯物主义立场。中国共产党百年奋斗的伟大实践证明,中国共产党人有如此的气魄、胆量、境界,归根到底是我们党始终把人民利益放在最高位置,以实现人民群众的最大利益为根本考量和评价标尺。比如,在改革开放初期,在农村实行家庭联产承包责任制,通过包产到户调动人民群众的积极性,就是尊重广大农民的强烈意愿而采取的重大改革举措,并不是从经典文本出发而作出的。

二是坚持实践标准与人民利益标准的统一。马克

[①] 《邓小平文选》第三卷,人民出版社1993年版,第382页。

第四章 坚持实事求是，就要为人民利益坚持真理、修正错误

思主义对待理论有两个重要标准：一是实践标准，即坚持实践是检验真理的唯一标准；二是价值标准，即坚持人民至上的价值标准。一种理论是否是真理，必须由实践来验证其真假。更进一步说，还要运用真理指导实践，改造世界，满足人民群众的利益诉求，实现真理的价值。马克思主义主张，坚持实践是检验真理的实践标准与坚持人民群众利益的真理的价值标准，这是辩证统一的过程，实践标准是前提，价值标准是目的。我们掌握真理，是为了获得价值。作为真理，马克思主义的真正价值就在于其是真正符合广大人民群众的根本利益的。也即是说，一方面，只有符合真理要求的，才会符合广大人民群众的利益要求；另一方面，只有符合人民群众利益的，才是符合真理要求的，才是最终能够实现的。邓小平同志强调，凡是真正符合人民利益的，最终都会在实践中获得成功。因为人民群众的根本利益诉求与社会历史发展规律是一致的，即通过实践主体的努力，凡是合规律的要求都是一定能实现的。在马克思主义的理论逻辑里，合规律与合目的是一致的，这两者并不矛盾。人民群众既是实践主体，又是价值主体，实现了两者统一的主体一体化。在这个意义上，我们既要依靠人民群众来获得实践的成功，同时又要服务于人民，使人民获得成

功实践的价值，这是中国共产党推动理论创新和实践探索的根本理念。① 在新时代中国特色社会主义伟大实践中，我们党坚持以人为本，充分尊重人民主体地位，发挥人民首创精神，做到发展为了人民，发展依靠人民，发展成果由全体人民共享，这是中国特色社会主义理论体系的宗旨所在。

三是坚持生产力发展和人的全面发展的高度统一。对任何社会而言，生产力的发展都是最重要的，因为只有大力发展社会生产力，才能切实提高整个社会生活的物质基础。但需要注意的是，发展生产力并不是唯一的要求，社会发展是多方面的，还包括政治、文化、道德等各方面的综合发展。生产力的发展终究是为了人的全面发展。在这个意义上，生产力的发展是人的发展的物质前提条件。但在这两者之间并不能画等号，即生产力的发展其实并不完全等于人的发展，生产力的发展既可以促进也可以阻碍人的全面发展。马克思主义主张，社会主义社会生产力的发展要促进人的全面发展。党中央提出坚持以人民为中心，不断推动高质量发展，就很好地体现了这一辩证统一的观点。

---

① 参见林源、秦非：《中国特色社会主义理论体系是马克思主义中国化的最新成果》，《扬州大学学报》（人文社会科学版）2007年第6期。

第四章　坚持实事求是，就要为人民利益坚持真理、修正错误

（二）实事求是要求站稳人民立场

实事求是是中国共产党人的优良传统。党员领导干部干事创业，必须从我国的具体国情出发，把最广大人民群众的根本利益作为出发点和落脚点，尤其在处理群众问题时，必须站稳人民立场，坚持群众路线，实事求是为人民谋利益、谋幸福，杜绝党员领导干部只顾一己之私和一时之利。除了以人民为中心的价值观，还需要有真抓实干的方法论。比如，在脱贫攻坚过程中，党员领导干部只有扑下身子，钻山沟、入山林、进地头、下田间，真正下足"绣花功夫"，才能做到扶真贫、真扶贫，脱贫成果才能经得住人民和历史的检验。党员领导干部只有以百姓心为心，体会民心所向、思考民瘼所在与察访民生疾苦，真正从人民利益出发，才会让人民群众同党在目标上同心同向、在思想上同心同德、在行动上同心同行。此外，党员领导干部要扑身实干，守"实"而为。对中国共产党人而言，干事创业贵在避"虚"就"实"，崇尚实干、不务虚功是共产党人能干事、干成事的不二法门。广大党员领导干部要实干担当，坚持知行合一、真抓实干，真正做实干家。事实上，"空谈误国，实干兴邦"，党员领导干部只有树牢"功成不必在

我,功成必定有我"的正确政绩观,才会在查实情、出实招、办实事上下功夫,才能在"一棒接一棒"的接力中做出一番群众认可的事业,才会在实践中汇聚推动发展的磅礴伟力。相反,如果党员领导干部的责任心不强,担当实干精神不足,就必然会在直面问题时缩手缩脚,必然会在利益面前患得患失,进而滋生出一系列弄虚作假、徒有虚名的形式主义和官僚主义做派,那么他们所办成的事情可能只是"群众失望"的蠢事,群众对此是不会买账,也不会认可的。简而言之,无论在任何时期,党和国家事业的发展都要求党员领导干部敢担当、善作为,要修好利计天下、通时明变、扑身实干的"实干之学",才能更好担当作为,创造无愧于国家、无悔于誓言的辉煌伟业。

一是站稳人民立场,把握客观事物的规律。站稳人民立场,就是要从人民群众的角度,进行换位思考以把握客观事物真实性和规律性。恩格斯指出:"科学越是毫无顾忌和大公无私,它就越符合工人的利益和愿望。"[1] 这意味着,我们越是践行实事求是的思想路线,人民立场越坚定,人民群众获得感和幸福感

---

[1] 恩格斯:《路德维希·费尔巴哈和德国古典哲学的终结》,人民出版社1997年版,第51页。

也就越能充分地体现，也就越彰显我们共产党人的初心和使命。

二是站稳人民立场，坚持党性与人民性一致。事实上，党性同人民性从来都是一致的、统一的。因此，在工作中会不会、能不能、愿不愿、敢不敢实事求是，这不只是认识水平问题，而且是党性问题。只有公而忘私，切实把党和人民利益放在首位，才能真正做到实事求是。牢牢把握实事求是的原则就是要为了人民利益坚持真理、修正错误。对于党来说，实事求是是我们共产党人须臾不可离开的制胜法宝；实事求是是我们共产党人思想品德的精髓，更是党性的集中体现。

三是站稳人民立场，牢牢把握实事求是的原则。坚持实事求是，就要做老实人、说老实话、办老实事，就是要对党、对组织、对人民、对同志忠诚老实，清清白白做人，踏踏实实做事。要把不忘初心、牢记使命内化于心、外化于行，要深入基层听民意、察民情，把党的初心和使命带入到真抓实干、埋头苦干的自觉行动之中，用我们共产党人的初心和使命同心共筑中华民族伟大复兴的中国梦。

二、坚持实事求是,就要坚持人民至上

中国共产党植根于人民、服务于人民,人民至上是中国共产党的核心价值理念。在建党百年的恢宏历史实践中,中国共产党始终立于现代中国发展的时代潮头,始终坚持人民至上,在中国革命、建设、改革和新时代中带领全国人民披荆斩棘,推动中国发生翻天覆地的历史巨变。一百多年来,在中国共产党领导下,探索出了一条适合本国国情的中国特色社会主义道路。中国共产党的百年奋斗历程贯穿着一条朴素的逻辑,即始终把人民放在最高的位置,一切为了人民,一切依靠人民,百年华章书写着"人民至上"的时代真义。①

(一)深刻领悟"人民至上"的重大意蕴

人民至上是马克思主义执政党的执政之源,是马克思主义立场、观点和方法的集中体现,是中国共产党初心和使命的重要基础。在建党百年的历史实践中,坚持人民至上具有重大的历史意义和现实意义。

---

① 参见吕勇:《百年党史书写"人民至上"真义》,《当代广西》2021年第3期。

第四章 坚持实事求是,就要为人民利益坚持真理、修正错误

一是人民至上是马克思主义的理论之基。人民立场是马克思主义的根本立场。在马克思主义发展过程中,马克思、恩格斯对资本主义进行了系统研究,揭示了资产阶级对无产阶级所创造的剩余价值进行剥削的贪婪本质,强调资本主义必然灭亡、社会主义必然胜利。恩格斯在马克思墓前的讲话中指出,马克思生前有两个伟大发现,即发现了剩余价值论和唯物史观。事实上,这两个发现都体现了人民至上的内在逻辑:剩余价值论强调剩余价值是无产阶级创造的,是劳动人民创造的;而唯物史观则强调人民群众是历史的创造者,历史是由人民群众创造的。在这个意义上,马克思主义始终秉持人民立场,为劳苦大众进行思想言说。马克思、恩格斯以无产阶级的立场对资本主义进行彻底批判,设想共产主义社会是一个没有剥削、没有压迫的"自由人的联合体"。马克思主义主张:"无产阶级的运动是绝大多数人的,为绝大多数人谋利益的独立的运动。"① 因此,马克思主义是站在人民的立场为绝大多数人谋利益的,坚持人民至上是马克思主义的内在理论逻辑。

二是人民至上是中国共产党的价值之源。中国共

① 马克思、恩格斯:《共产党宣言》,人民出版社2018年版,第39页。

产党自成立以来,以马克思主义指导中国实践,坚持把马克思主义基本原理与中国具体实际相结合,不断推进马克思主义中国化,在中国革命、建设、改革和新时代的各个阶段,始终坚持人民至上的理念,推动百年中国发生历史性变革。从中国共产党人的初心和使命来看,为人民谋幸福、为民族谋复兴体现了权为民所用、情为民所系、利为民所谋,也充分体现了中国共产党坚持一切为了人民、一切依靠人民。在建党百年的历史实践中,中国共产党始终心系人民、为人民服务、为人民奋斗。全心全意为人民服务是中国共产党的根本宗旨,坚持人民至上是党的宗旨意识的生动阐释。坚持人民至上还体现在群众路线之中,群众路线是我们党的"三大法宝"之一,是新民主主义革命时期我们党取得胜利的重要保证,也是建设和改革年代取得成功的重要基础,成为我们党的生命线和根本工作路线。因此,坚持人民至上是中国共产党的价值基础,也是中国共产党之所以取得成功的重要密码。

三是人民至上是推动中国实现历史性变革的经验之本。一百多年来,在中国共产党领导下,中华民族实现从站起来、富起来到强起来的历史性飞跃,中国的发展已经站在新的历史起点上,我们比任何时候都接近实现中华民族伟大复兴的目标。建党百年的实践

第四章　坚持实事求是，就要为人民利益坚持真理、修正错误

证明，坚持人民至上是百年中国发生历史性巨变的重要成功经验。近代以来，由于西方列强入侵，中国逐步沦为半殖民地半封建社会，中华民族面临亡国灭种的危机。在内忧外患的时代背景下，1921年中国共产党应运而生，从此中国人民和中华民族有了主心骨。中国共产党通过动员组织人民群众，紧紧依靠人民，在艰苦卓绝的抗日战争中打败了日本帝国主义，随后又推翻了国民党的反动统治，取得了新民主主义革命的伟大胜利。在建设年代，中国共产党带领中国人民完成社会主义改造，确立了社会主义基本制度。自改革开放以来，在党的领导下，不断激发人民群众的积极性和创造性，进一步解放生产力、发展生产力，解决人民的温饱问题。中国特色社会主义进入新时代以来，中国共产党重点围绕实现"两个一百年"奋斗目标，带领全国人民全面建成小康社会。百年历史实践一再证明，只有坚持人民至上，我们才能无往而不胜。

四是人民至上是新时代治国理政的现实之策。党的十八大以来，以习近平同志为核心的党中央坚持以人民为中心，抓住人民群众最关心最直接最现实的问题，把人民群众的小事当成我们党的大事。坚决实施打赢脱贫攻坚战，想方设法推动建档立卡贫困人口摆脱贫困。在脱贫攻坚过程中，广西许多居住在石漠化

地区、大石山区的贫困人口通过易地扶贫搬迁住上了新居，贫困户通过产业扶贫脱贫致富，全面建成小康社会变成了看得见的现实。脱贫攻坚的伟大实践证明，中国共产党始终坚持人民至上，时刻把人民群众的冷暖放在心上。面对2020年突如其来的新冠疫情，中国共产党动员组织十四亿中国人民同舟共济，打赢疫情防控的人民战争、总体战、阻击战。在抗击疫情过程中，始终把人民生命安全和身体健康放在第一位，集中全国医疗资源进行救治，不遗漏一个感染者，不放弃每一位病患，实现"应收尽收、应治尽治、应检尽检、应隔尽隔"。中国抗击新冠疫情的生动实践书写了人民至上、生命至上的感人答卷。

（二）准确把握"人民至上"的丰富内涵

坚持人民至上是贯穿于建党百年历史过程的内在逻辑，是中国共产党永葆青春活力的力量源泉。人民至上体现在中国共产党百年奋斗的各个方面，具有丰富而深刻的内涵。

一是坚持一切为了人民，把实现人民幸福作为一切工作的最终目的。为了谁的问题是事关政党性质的根本问题。中国共产党坚持一切为了人民，把实现好、维护好、发展好最广大人民的根本利益作为一切工作

第四章 坚持实事求是，就要为人民利益坚持真理、修正错误

的出发点和落脚点，把为人民服务作为党的根本宗旨。中国共产党自诞生以来，就代表着中国最广大人民的根本利益。作为马克思主义执政党，中国共产党除了人民利益，没有自己的特殊利益。在革命、建设、改革过程中，中国共产党带领中国人民进行不懈奋斗，归根结底是为了让人民过上好日子。实现人民对美好生活的期盼、实现人民幸福是党一切工作的目的。

二是坚持一切依靠人民，尊重人民主体地位，推动社会历史发展。马克思主义唯物史观强调，人民群众是历史的创造者，是推动社会历史发展的决定性力量。作为马克思主义执政党，中国共产党秉持人民立场，坚持人民主体地位，充分发挥人民群众的主动性和创造性，尊重人民群众的智慧和首创精神。从动员组织人民参加革命到发动人民推进社会主义建设，从推广人民自发实行的土地"大包干"到实行村民自治，从打赢脱贫攻坚战到抗击新冠疫情，中国共产党紧紧依靠人民推进各项事业发展。

三是坚持人民共享发展成果，促进广大人民实现共同富裕。实现共同富裕是社会主义的内在要求，是社会主义与资本主义的本质区别。社会主义的本质是解放生产力，发展生产力，消灭剥削，消除两极分化，最终达到共同富裕。自改革开放以来，为了激发社会

发展活力，推动社会经济快速发展，允许一部分人和一部分地区先富起来，先富带后富，最终达到共同富裕。随着社会经济发展到了新阶段，我们党扎实推进脱贫攻坚，推动贫困人口实现脱贫，实现全面建成小康社会。在全面建设社会主义现代化国家新征程中，又把实现共同富裕取得实质性进展作为重要目标。这充分体现了中国共产党始终坚持社会主义方向，推动发展成果由人民共享。

四是坚持工作由人民评判，把一切工作成效交由人民群众检验。中国共产党是为人民谋利益的政党，党的一切工作要坚持以人民为中心，不断满足人民群众对美好生活的需要。在推进各项工作的过程中，把人民赞成不赞成、拥护不拥护、高兴不高兴作为推动工作的重要依据，把人民群众的获得感、幸福感、安全感等作为衡量工作成效的重要标尺。我们党的工作干得好不好，不是由我们党自己去评价，而是交由人民群众去评价和检验。在推动工作过程中，要求领导干部树立正确的政绩观，问政于民、问计于民、问需于民，提升人民群众的满意度，自觉接受人民群众的监督和检验。

（三）奋力谱写新时代"人民至上"的新篇章

百年党史生动阐释和见证了人民至上的真义。在

第四章 坚持实事求是，就要为人民利益坚持真理、修正错误

全面建设社会主义现代化国家的新征程中，要继续坚持人民至上的理念，不断满足人民群众对美好生活的期待，凝聚实现中华民族伟大复兴的磅礴伟力。

一是突出党的领导与人民至上相统一。东西南北中，党政军民学，党是领导一切的。坚持党对一切工作的领导，这是中国特色社会主义最本质的特征。中国共产党是为人民服务的政党，这是党的根本宗旨，党除了人民的利益，没有自己的特殊利益。这充分说明，坚持人民至上是党的价值取向，党的一切工作都以人民最根本利益为出发点和落脚点。因此，党性和人民性是高度一致的。新时代推动中国社会经济发展，要坚持党的领导和坚持人民至上相统一，既要在各项工作中坚持党的全面领导，同时也要坚持人民至上，在党的领导下紧紧依靠人民推进现代化建设。

二是突出发展效率与社会公平相统一。自改革开放以来，中国社会经济取得快速发展，人民生活水平极大提高。随着打赢脱贫攻坚战顺利收官，全面建成小康社会取得历史性成就。推进第二个百年奋斗目标，要坚持人民至上的理念，继续推进改革开放，以新发展理念推动高质量发展，构建新发展格局。既要保持一定的发展速度，坚持质量高、效率优先的原则，也要促进社会公平。牢牢坚持共同富裕方向，推动发展

成果惠及于民、由人民共享。

三是突出问题导向与结果导向相统一。推动全面建设社会主义现代化国家取得实效，要坚持人民至上理念，以问题为导向，大力破解改革、发展、稳定所面临的各种现实问题。要加强民生建设，在住房、医疗、教育等方面切实解决事关人民群众切身利益的问题。同时，还要加强结果导向，把人民群众高兴不高兴、满意不满意作为衡量一切工作成效的根本标尺，想方设法满足人民对美好生活的向往和期待，进一步增强人民群众的获得感、幸福感和安全感，继续谱写新时代"人民至上"的历史新篇章。

三、坚持真理、修正错误是实事求是思想路线的内在要求

实事求是是中国共产党的思想路线，百年来，在马克思主义中国化的历史过程中，中国共产党人将马克思主义的立场观点方法运用到党的实际工作之中，努力防止和克服主观唯心主义倾向，取得一个又一个伟大的成就。当然，在某些历史时期或发展阶段，由于历史条件制约等种种原因，我们党曾不同程度地偏离过实事求是这一思想路线，但我们党最终都能纠正

第四章　坚持实事求是，就要为人民利益坚持真理、修正错误

自身错误，重新回到这一正确的思想路线上来。1945年中共六届七中全会通过的《关于若干历史问题的决议》（以下简称第一个"历史决议"）和1981年中共十一届六中全会通过的《关于建国以来党的若干历史问题的决议》（以下简称第二个"历史决议"），这两个"历史决议"是中国共产党在不同历史时期作出的重要决议。这两个"历史决议"客观公正地对党的若干重要历史问题予以回顾评析，深刻系统总结了党正反两方面的历史经验，实现了全党思想认识的统一，不仅为党和国家的事业发展指明了新的前进方向，同时也是以对党和人民事业高度负责的严谨态度、以实事求是的科学精神来正确对待自身历史的光辉典范。

在新民主主义革命时期，党的第一个"历史决议"坚持实事求是思想路线，系统总结当时党的历史，指出"党在个别时期中所犯的'左'、右倾错误，对于二十四年来在我党领导之下轰轰烈烈地发展着的、取得了伟大成绩和丰富经验的整个中国革命事业说来，不过是一些部分的现象。这些现象，在党还缺乏充分经验和充分自觉的时期内，是难于完全避免的；而且党正是在克服这些错误的斗争过程中而更加坚强起来"[①]。在谈如何研

[①] 中共中央文献研究室、中央档案馆编：《建党以来重要文献选编（一九二一——一九四九）》第二十二册，中央文献出版社2011年版，第111页。

究中共党史的时候，毛泽东同志曾说："研究党史上的错误，不应该只恨几个人。如果只恨几个人，那就是把历史看成是少数人创造的。马克思主义的历史观不是主观主义，应该找出历史事件的实质和它的客观原因。只看客观原因够不够呢？不够的，还必须看到领导者的作用，那是有很大作用的。但是领导人物也是客观的存在，搞'左'了，搞右了，或者犯了什么错误，都是有客观原因的，找到客观原因才能解释。"① 在讨论起草第一个"历史决议"的过程中，毛泽东同志指出："错误不是少数人的问题，写几个名字很容易，但问题不在他们几个人。如果简单地处理几个人，不总结历史经验，就会像过去陈独秀犯了错误以后党还继续犯错误一样。"② 在这一思想认识的指导下，第一个"历史决议"坚持了"惩前毖后、治病救人"的正确方针。毛泽东同志指出："凡是政治上过去犯过错误现在改正了的同志，我们都要团结他们，全党要像决议上所说的团结得如同一个和睦的家庭一样。"③ 事实上，这种从团结的愿望出发，运用批评或者斗争，

---

① 《毛泽东文集》第二卷，人民出版社1993年版，第406—407页。
② 中共中央文献研究室编：《毛泽东思想年编（一九二一—一九七五）》，中央文献出版社2011年版，第413页。
③ 中共中央文献研究室编：《毛泽东思想年编（一九二一—一九七五）》，中央文献出版社2011年版，第413页。

第四章　坚持实事求是,就要为人民利益坚持真理、修正错误

达到新的团结的做法,使第一个"历史决议"能超越党员干部的个人恩怨,在思想认识层面深入剖析错误路线发生的深刻原因,对坚持真理、修正错误具有重要意义。

党的第二个"历史决议"同样坚持以实事求是的科学态度及方法,对新中国成立以来的历史进行了全面和客观的分析。在列举了新中国成立以来的伟大成就之后,第二个"历史决议"实事求是地指出,"忽视错误、掩盖错误是不允许的,这本身就是错误,而且将招致更多更大的错误","'坚持真理,修正错误',这是我们党必须采取的辩证唯物主义的根本立场"。①

事实上,从这两个"历史决议"的形成过程来看,从起草到最后定稿通过,这两个"历史决议"都充分体现了党的领导人和全党同志不计较个人恩怨、顾全大局的高贵政治品格,尤其是一些在历史上受到过不公正待遇或打击的领导干部,更是展现了革命者不计较个人恩怨得失的高风亮节以及以党和人民事业为重的博大胸怀。坚持真理、修正错误,必须从党和人民事业全局出发,总结历史经验以指导未来。中国共产党是为人民谋幸福、为民族谋复兴的政党,党本身没

---

① 中共中央文献研究室编:《三中全会以来重要文献选编》(下),中央文献出版社2011年版,第132页。

有自己的特殊利益。自中国共产党成立以来，就以民族和人民的利益为重，始终站在党和人民事业全局的高度来看待和处理党在历史上所犯的错误。领导、主持和参与起草两个"历史决议"的干部，不少都在决议所涉及的历史时期内受到过不同程度的批判或打击，但他们在参与起草"历史决议"的过程中，始终以党和人民的事业大局为重，客观公正地分析评价这段历史以及党犯错误的深刻原因。

在推进马克思主义中国化时代化的发展进程中，我们要继续弘扬实事求是的精神，敢于坚持真理、修正错误，不断把党和人民的事业继续推向前进。回顾百年辉煌奋斗历程，中国共产党把马克思主义基本原理同中国具体实际相结合，在探索适合中国国情的革命和建设道路过程中，取得了历史性成就和历史性变革，也经历过曲折、付出了代价，但中国共产党始终坚持真理、不断修正错误，在与各种错误倾向作斗争和深刻总结历史经验的基础上，不断推进马克思主义中国化、时代化、大众化，实现了党的指导思想和基本理论的与时俱进。更重要的是，也正是在正确认识与纠正错误的过程中，毛泽东思想和作为中国特色社会主义理论体系开创性成果的邓小平理论，逐步形成并发展成熟起来。2009年9月党的十七届四中全会通过了《中

第四章 坚持实事求是，就要为人民利益坚持真理、修正错误

共中央关于加强和改进新形势下党的建设若干重大问题的决定》，全面总结了执政党建设的历史经验，其第一条就是强调始终以思想理论建设为根本建设，坚持真理、修正错误，不断推进马克思主义中国化、时代化、大众化。2013年1月5日在新进中央委员会的委员、候补委员学习贯彻党的十八大精神研讨班上，习近平总书记谈到如何正确对待党领导人民进行社会主义建设的历史时指出，要坚持实事求是的思想路线，分清主流与支流，坚持真理，修正错误，发扬经验，吸取教训，在这个基础上把党和人民事业继续推向前进。

党的指导思想和基本理论与时俱进的历史进程，充满了艰难曲折，但同时又辉煌壮丽，这为我们提供了许多深刻的启示。这意味着，只有本着对党和人民事业高度负责的态度，切实坚持实事求是的思想路线，科学运用马克思主义的唯物辩证法来科学评价党的历史，客观公正地分析党所犯错误的具体原因，以发展的眼光着眼事业长远，全面总结正反两个方面的历史教训和经验，才能够正确面对党在历史上曾经犯过的错误。只有在科学分析党产生错误的根源基础上，勇于纠正错误和吸取教训，才能不断把党和人民的事业继续推向前进。

第五章　坚持实事求是，就要不断推进实践基础上的理论创新

实践基础上的理论创新是社会发展的先导。毛泽东同志深刻指出："马克思列宁主义是马克思、恩格斯、列宁、斯大林他们根据实际创造出来的理论，从历史实际和革命实际中抽出来的总结论。我们如果仅仅读了他们的著作，但是没有进一步地根据他们的理论来研究中国的历史实际和革命实际，没有企图在理论上来思考中国的革命实践，我们就不能妄称为马克思主义的理论家。"① 可以说，党的百年奋斗历程就是不断推进马克思主义中国化时代化的光辉历程。坚持以反映时代特征和实践要求的科学理论指导实践，并根据实践的新经验不断推进理论创新，是马克思主义政党坚持先进性、保持纯洁性，不断推进事业发展的根本保证。

实事求是思想路线在党百年征程中孕育、发轫、

---

① 《毛泽东选集》第三卷，人民出版社1991年版，第814页。

第五章　坚持实事求是，就要不断推进实践基础上的理论创新

成长、完善，是马克思主义理论与中华民族传统本土基因完美融合的产物。要实现实事求是，就必须要"因事而化、因时而进、因势而新"，就必须要研究实事求是在不同阶段、不同情况、不同实践基础下的实现条件和发展规律，这些实现条件和发展规律构成党的思想路线的新要素和新趋向，进而丰富了党的思想路线的内涵。[①] 从毛泽东思想中的实事求是这一活的灵魂，到邓小平理论中的解放思想、实事求是；从解放思想、实事求是、与时俱进的理论品质对"三个代表"重要思想的不断深化，到新的历史条件下，以解放思想、实事求是、与时俱进、求真务实的科学态度，不断形成科学发展观理论体系；尤其是进入新时代，把握新发展阶段、贯彻新发展理念、构建新发展格局，守正创新是习近平总书记新时代治国理政新理念新思想新战略的重要组成部分，更是习近平新时代中国特色社会主义思想的世界观方法论中的"六个必须坚持"的核心要义。因此，马克思主义同中国具体实际、同中华优秀传统文化相结合，推进马克思主义中国化的理论创新，是根据具体的实践变化，形成的创新理论成果。这一系列的创新理论成果，都彰显了在实践基

---

① 参见郭翠翠：《论习近平对实事求是思想路线的新发展》，《齐齐哈尔大学学报》（哲学社会科学版）2018 年第 5 期。

础上推进理论创新,在新的理论创新指引下变革新的实践的循环往复、螺旋上升的历史进程。

一、实事求是是毛泽东思想活的灵魂

实事求是是马克思主义的精髓,是中国共产党的根本思想路线和工作路线。马克思、恩格斯没有直接用过"实事求是"这个词,但正如习近平总书记指出的那样:"他们创立的辩证唯物主义和历史唯物主义,突出强调的就是实事求是"①。基于中国哲学智慧,在党内最早提出实事求是的是毛泽东同志,正如邓小平同志指出:"马克思、恩格斯创立了辩证唯物主义和历史唯物主义的思想路线,毛泽东同志用中国语言概括为'实事求是'四个大字。"② 所以,"实事求是"是毛泽东同志基于中国哲学智慧、基于马克思主义的思想路线,对辩证唯物主义和历史唯物主义思想路线的概括。

从发展脉络上看,1929年5月,毛泽东同志针对部分官兵纪律不够严明的情况,对部队进行纪律教育。同年6月,毛泽东同志第二次进驻新泉时,在给党内

---

① 习近平:《坚持实事求是的思想路线》,《学习时报》2012年5月28日。
② 《邓小平文选》第二卷,人民出版社1994年版,第278页。

第五章 坚持实事求是，就要不断推进实践基础上的理论创新

同志的信中第一次明确提出了"思想路线"的命题。①他指出要从历史和环境两方面出发来分析现实问题，这是在历史唯物主义视角下探讨党的思想路线问题，是实事求是的最初表达。②

1935年1月，遵义会议在总结经验中注重从思想路线的高度来审视红军胜败问题，充分体现了实事求是的精神。遵义会议后，人们的思想获得了极大的解放，这为党的实事求是思想路线的形成和发展创造了有利条件。1937年7月到8月间，毛泽东同志发表的《实践论》和《矛盾论》，批判了党内的主观主义特别是教条主义，用马克思主义理论武装了全党，统一了全党的思想，奠定了实事求是思想路线的理论基础。《实践论》是从认识的基础、过程与规律的维度，揭示了如何做到理论联系实际、实事求是，论述了主观与客观、理论与实践的具体的历史的统一，深刻揭示了"左"倾、右倾错误的认识论根源。《矛盾论》是从认识和实践的维度，揭示了为什么和怎么样做到理论联系实际、实事求是，论述了矛盾普遍性与特殊性的辩证关系，深刻揭示了"左"倾、右倾错误的形而上学

---

① 董振华、谷耀宝：《论实事求是的思想路线》，《理论学刊》2020年第5期。
② 聂运麟等主编：《中国特色社会主义理论体系研究》，人民出版社2011年版，第125页。

实质。① 总之,《实践论》从认识论角度、《矛盾论》从辩证法角度为实事求是思想路线提供了哲学论证。毛泽东同志的这些论著,进一步丰富和发展了在中国具体革命实践中理论联系实际、坚持"一是一,二是二"的现实思维,推动实事求是成为党的思想路线。

1938年10月,毛泽东同志在党的六届六中全会上作的报告中,第一次使用了"实事求是"的概念,并提出了要"使马克思主义在中国具体化"的命题。他强调,"共产党员应是实事求是的模范","因为只有实事求是,才能完成确定的任务"。② 这标志着实事求是成为党的思想路线。毛泽东同志进一步指出:"马克思主义必须和我国的具体特点相结合并通过一定的民族形式才能实现。马克思列宁主义的伟大力量,就在于它是和各个国家具体的革命实践相联系的。对于中国共产党说来,就是要学会把马克思列宁主义的理论应用于中国的具体的环境。成为伟大中华民族的一部分而和这个民族血肉相连的共产党员,离开中国特点来谈马克思主义,只是抽象的空洞的马克思主义。"③ 毛泽东同志的这一重要论述,进一步阐明了灵活运用

---

① 刘江桂:《从〈实践论〉〈矛盾论〉角度深刻领会习近平强军思想的内涵》,《国防科技》2020年第6期。
② 《毛泽东选集》第二卷,人民出版社1991年版,第522页。
③ 《毛泽东选集》第二卷,人民出版社1991年版,第534页。

第五章 坚持实事求是，就要不断推进实践基础上的理论创新

马克思主义来解决中国的实际问题的重要性，指明了坚持实事求是是实现马克思主义中国化的重要前提。

1941年5月19日，毛泽东同志在《改造我们的学习》的报告中强调，"实事"就是一切存在的客观事物，"是"代表事物内部与事物之间的具体联系，"求"就是我们去研究。① 他在文章中指出，我们在运用任何理论作用于实践时，要一切从实际出发、实事求是地研究并掌握事物的规律，强调实事求是的重要性，号召全党注重调查研究，坚持实事求是，从"实事"出发，到"求是"结束，不仅要讲真话、讲事实，更要从实际出发，主动把握和研究事物内部与事物之间的具体联系，寻求规律、利用规律。1941年冬，毛泽东同志为中央党校题写"实事求是"作为其校训②，是着眼于全党的思想教育的战略考量，希望党员干部将它作为解决问题的思想武器，并从侧面反映出"实事求是"何以成为对党的思想路线最精辟的概括。③ 1945年中国共产党第七次全国代表大会正式将"实事求是"载入党章，确立中国共产党实事求是思想路线。在此

---

① 《毛泽东选集》第三卷，人民出版社1991年版，第801页。
② 陶柳：《从辩证法视野看中国共产党人对"实事求是"思想路线的创新创造》，《文化学刊》2021年第9期。
③ 《中共中央在延安：一个马克思主义政党的崛起》编写组编：《中共中央在延安：一个马克思主义政党的崛起》，研究出版社2019年版，第17页。

期间，毛泽东同志为《七大纪念册》题词"实事求是，力戒空谈"，发给每一位党的七大代表，倡导理论联系实际，老老实实地办事，认为共产党人靠实事求是吃饭，就是靠科学吃饭，靠真理吃饭。① 从此，实事求是成为毛泽东思想的精髓和灵魂。②

党的七大后，实事求是的思想路线在中国革命和建设的实践中得到继续丰富与发展。正是在实事求是思想路线指引下，以毛泽东同志为代表的中国共产党人，找到了"农村包围城市，武装夺取政权"这一符合中国国情的革命道路，最终取得了新民主主义革命胜利。沿着这条道路，纵观实事求是思想路线的形成和发展过程，是毛泽东同志把辩证唯物主义和历史唯物主义的思想路线概括为"实事求是"，深度融入毛泽东思想这一马克思主义中国化第一次理论飞跃的理论创新和实践创造之中，成为指引党不断走向成熟、国家不断走向富强、人民不断迈向现代化的正确思想路线。正如邓小平同志所说："毛主席最伟大的功绩是把马列主义的原理同中国革命的实际结合起来，指出了

---

① 余源培：《"实事求是"三题》，《复旦学报》（社会科学版）1992 年第 2 期。
② 薛庆超、薛静、刘伊纯：《中华文化和中国精神的时代精华：习近平对中华优秀传统文化的创造性转化和创新性发展》，《统一战线学研究》2022 年第 6 期。

中国夺取革命胜利的道路。"①

二、实事求是是邓小平理论的理论精髓

改革开放新时期,邓小平同志通过对历史经验教训的深刻总结,强调"不以新的思想、观点去继承、发展马克思主义,不是真正的马克思主义者"②。这表明,真正的马克思主义者必须坚持实事求是。实事求是是邓小平理论的理论精髓,表现出邓小平理论与时俱进和不断创新的理论特质。习近平总书记在纪念邓小平同志诞辰110周年讲话中指出:"我们纪念邓小平同志,就要学习他始终坚持实事求是的理论品质。实事求是,是邓小平同志一生最重要的思想特点,也永远是中国共产党人应该遵循的思想方法。"③ 邓小平同志对重新确立、坚持和发展实事求是的思想路线作出了卓越贡献。

"四人帮"被粉碎之后,"左"倾思想并未从根本上得到纠正,尤其是当时"两个凡是"指导方针的提出,更是使党和国家的工作陷于徘徊局面。对此,邓小平同志敏锐地指出,"两个凡是"不符合马克思主

---

① 《邓小平文选》第二卷,人民出版社1994年版,第345页。
② 《邓小平文选》第三卷,人民出版社1993年版,第292页。
③ 习近平:《在纪念邓小平同志诞辰110周年大会上的讲话》,人民出版社2014年版,第12页。

义，必须要重新确立党的实事求是思想路线。

邓小平同志在拨乱反正中对实事求是的继承与运用，创造性地丰富了毛泽东同志的实事求是思想路线。1978年，邓小平同志在十一届三中全会上第一次运用"思想路线"概念，倡导和领导了全国真理标准问题的大讨论："的确是个思想路线问题，是个政治问题，是个关系到党和国家的前途和命运的问题。"[1] 邓小平同志作为党和国家的主要决策人，在指导我国人民进行社会主义建设的实践中，针对当时思想僵化的现状总结群众经验、集中全党智慧，他指出："不打破思想僵化，不大大解放干部和群众的思想，四个现代化就没有希望。""只有解放思想，坚持实事求是，一切从实际出发，理论联系实际，我们的社会主义现代化建设才能顺利进行，我们党的马列主义、毛泽东思想的理论也才能顺利发展。"[2] 因此，他特别强调要解放思想，并阐明了解放思想的含义，指出"我们讲解放思想，是指在马克思主义指导下打破习惯势力和主观偏见的束缚，研究新情况，解决新问题"[3]。这阐明了改革开放新时期，解放思想的主要任务和基本方法，深刻揭

---

[1] 《邓小平文选》第二卷，人民出版社1994年版，第143页。
[2] 《邓小平文选》第二卷，人民出版社1994年版，第143页。
[3] 《邓小平文选》第二卷，人民出版社1994年版，第279页。

第五章　坚持实事求是，就要不断推进实践基础上的理论创新

示了"解放思想"与"实事求是"的辩证关系，进一步创造性地运用、丰富和发展了实事求是思想。邓小平同志在《解放思想、实事求是，团结一致向前看》的讲话中提出："一个党，一个国家，一个民族，如果一切从本本出发，思想僵化，迷信盛行，那它就不能前进，它的生机就停止了，就要亡党亡国。"① 这段论述充分表明了解放思想在党的建设和国家发展中的重要战略地位，把解放思想、实事求是的重要性上升到国家存亡的战略高度，并指出了"解放思想，就是使思想和实际相符合，使主观和客观相符合，就是实事求是"②。邓小平同志的这一论述深化了我们对"解放思想"的认识，强调在政治方向上，必须以马克思主义为指导；在具体内容上，必须打破习惯势力和主观偏见；在目标导向上，必须研究新情况解决新问题。③实事求是思想路线的重新确立，不仅把人们的思想从"两个凡是"的禁锢中解放出来，纠正了"左"的错误，而且重新统一了全党的思想，凝聚了改革开放的共识，将党和国家的工作重点转移到社会主义现代化建设上来，为建设中国特色社会主义开辟了道路。邓

---

① 《邓小平文选》第二卷，人民出版社1994年版，第143页。
② 《邓小平文选》第二卷，人民出版社1994年版，第364页。
③ 吴健：《关于解放思想和统一思想的哲学探析》，《扬州大学学报》（人文社会科学版）2002年第3期。

实事求是

小平同志的解放思想、实事求是是一个辩证统一的整体，解放思想的前提是实事求是，从自己的基本国情出发，敢于并擅于走自己的路。

1980年召开的十一届五中全会指出："实事求是，一切从实际出发，理论联系实际，坚持实践是检验真理的标准，这就是我们党的思想路线。"① 其中，"一切从实际出发"是前提和基础；"理论联系实际"是根本原则和方法；把坚持实践是检验真理的唯一标准纳入思想路线，在实践中检验真理和发展真理，是党的思想路线的根本目的和可靠保证。四者相互联系、相互贯通，内在统一，构成一个科学的辩证唯物主义认识体系。②

1986年邓小平同志在会见日本首相中曾根康弘时提出，要实事求是地发展马克思主义，指出"马克思主义必须发展。我们不把马克思主义当作教条"③。因此，正确的态度是结合自己国家的实际发展马克思主义。1992年邓小平同志在南方谈话中再次强调实事求是思想的理论地位，指出"实事求是是马克思主义的精髓。要提倡这个，不要提倡本本"④。他提出实事求

---

① 《邓小平文选》第二卷，人民出版社1994年版，第278页。
② 全国邓小平生平和思想研讨会组织委员会编：《邓小平百周年纪念：全国邓小平生平和思想研讨会论文集》（下），中央文献出版社2005年版，第1639—1652页。
③ 《邓小平文选》第三卷，人民出版社1993年版，第191页。
④ 《邓小平文选》第三卷，人民出版社1993年版，第382页。

是是马克思主义的精髓，是对他以前认识的发展，也是对马克思主义本质的一个崭新的概括。

邓小平同志把实事求是作为党的指导思想的理论基础来看待，创新发展了实事求是的思想路线。以这一思想路线为指导，中国共产党正确掌握了中国社会主义初级阶段的国情，所制定的基本路线和我国国情相适应，并使中国特色社会主义建设得以顺利开展，改革开放不断走向深入，现代化建设取得举世瞩目的伟大成就，在此基础上创立了邓小平理论。

三、实事求是是"三个代表"重要思想的理论品格

在新的历史条件下，以江泽民同志为主要代表的中央领导集体，继续领导全党坚持实事求是思想路线，并强调与时俱进是马克思主义的理论品质，广大领导干部和全党都要以新的实践为立足点，走在时代的前列，对实践中的各种问题深入研究，进一步加强对人类社会发展规律、社会主义建设规律以及共产党执政规律的认识。他同时还提出，我党提高创造力、保持先进性的决定性因素就是不断与时俱进、实事求是、解放思想，坚持党的思想路线。党的所有工作与理论

均要具有创造性、把握规律性、表现时代性，这就是与时俱进。

1997年，江泽民同志从思想路线的高度提出了"一个中心、三个着眼于"的要求，确立邓小平理论的指导地位，他指出："一定要以我国改革开放和现代化建设的实际问题、以我们正在做的事情为中心，着眼于马克思主义理论的运用，着眼于对实际问题的理论思考，着眼于新的实践和新的发展。离开本国实际和时代发展来谈马克思主义，没有意义。静止地孤立地研究马克思主义，把马克思主义同它在现实生活中的生动发展割裂开来、对立起来，没有出路。"① 在纪念党的十一届三中全会召开二十周年大会上的讲话中，江泽民同志进一步强调："我们党在第十一届三中全会上重新确立的思想路线是，一切从实际出发，理论联系实际，实事求是，在实践中检验真理和发展真理。这条思想路线，贯穿于二十年来我国改革开放和经济社会发展的全过程。我们党在理论和实践上的每一步前进，改革和建设的每一步发展，都是坚持党的思想路线，解放思想、实事求是的结果。"② 这实际上是要

---

① 中共中央文献研究室编:《十五大以来重要文献选编》（上），中央文献出版社2011年版，第11—12页。
② 中共中央文献研究室编:《十五大以来重要文献选编》（上），中央文献出版社2011年版，第599页。

第五章 坚持实事求是,就要不断推进实践基础上的理论创新

求我们必须实事求是、与时俱进地看待马克思主义在中国的发展的问题,这是实事求是思想路线时代化的深邃思考,是将思想路线与党的中心工作结合,同心同向发力,与时俱进推进党的创新理论的生动实践。

2000年,针对我国发展处于关键时期、改革处于攻坚阶段所面临的艰巨任务,江泽民同志提出,坚持党的思想路线,必须推进"三个创新"。他指出:"创新,包括理论创新、体制创新、科技创新及其他创新。二十多年来,我们党领导人民进行改革开放和现代化建设取得的伟大成就,都是与我们不断进行的理论创新、体制创新、科技创新等分不开的……现在,面对国际国内的新情况新问题,我们必须继续坚持以马克思列宁主义、毛泽东思想、邓小平理论为指导,坚持党的解放思想、实事求是的思想路线,一切从实际出发,紧跟时代发展的潮流,不断研究新情况、解决新问题、形成新认识、开辟新境界。"[①] 改革创新推动实事求是思想路线在整个改革开放新时期锐意进取、勇于创新,不断开创实事求是思想路线指引下的政治路线、理论路线、工作路线、群众路线等,各条战线全

---

① 《江泽民文选》第三卷,人民出版社2006年版,第64—65页。

面推进，成功将中国特色社会主义推向21世纪。

2001年，在庆祝中国共产党成立80周年大会上的讲话中，江泽民同志又提出推进创新，必须做到"三个解放出来"。他指出："解放思想、实事求是，是引导社会前进的强大力量。社会实践是不断发展的，我们的思想认识也应不断前进，应勇于和善于根据实践的要求进行创新。要坚持实践是检验真理的唯一标准，在党的基本理论指导下，一切从实际出发，自觉地把思想认识从那些不合时宜的观念、做法和体制中解放出来，从对马克思主义的错误的和教条式的理解中解放出来，从主观主义和形而上学的桎梏中解放出来。坚持科学态度，大胆进行探索，使我们的思想和行动更加符合客观实际，更加符合社会主义初级阶段的国情和时代发展的要求。"[1] 江泽民同志的以上论述，归结起来就是要坚持解放思想、实事求是、与时俱进。党的十六大通过的《中国共产党章程》明确地对思想路线作出了新表述："坚持解放思想，实事求是，与时俱进。党的思想路线是一切从实际出发，理论联系实际，实事求是，在实践中检验真理和发展真理。"[2] 坚持解放思想、实事求是、与时俱进，进一步推动了马

---

[1] 《江泽民文选》第三卷，人民出版社2006年版，第284页。
[2] 《中国共产党章程》，人民出版社2002年版，第7页。

第五章　坚持实事求是，就要不断推进实践基础上的理论创新

克思主义中国化的进程，开拓了马克思主义新境界，极大丰富和发展了党在新时期的思想路线。

江泽民同志提出的"解放思想、实事求是、与时俱进"的科学论断，继承和发展了"实事求是"思想。与时俱进是马克思主义的理论品质。从哲学维度上理解，"与时俱进"就是事物是不断变化发展的，必须要用发展的眼光来看待问题。党的十六大报告对"与时俱进"赋予了科学定义："与时俱进，就是党的全部理论和工作要体现时代性、把握规律性、富于创造性。"[①] 这一论述科学地阐释了与时俱进的要求和内涵，充分体现出实事求是的本质要求，为党的全部工作特别是理论工作指明了前进方向。体现时代性，是与时俱进的首要条件，深刻洞悉新时期世情、国情、党情的发展变化，把握时代特点和时代脉搏，有针对性地推进理论创新，并指导实践。把握规律性，是对与时俱进的发展性的要求。紧紧依靠实事求是思想路线，探寻改革发展稳定的规律性，只有把握规律性，才能从根本上解决前进中面临的问题，不断在改革创新中探索现代化的发展规律。富于创造性，是实事求是要求的突出体现。新时期面对新情况、新问题，不

---

① 中共中央文献研究室编：《十六大以来重要文献选编》（上），中央文献出版社2011年版，第9页。

实事求是

能依靠传统的方式方法来解决，只有脚踏实地从实际出发，才能提出创造性的理论，开创创造性的伟业。与时俱进的三个特点处处折射着实事求是的光辉。在党的十六大报告中，江泽民同志把与时俱进作为党的思想路线的重要内容。他指出，坚持党的思想路线，解放思想、实事求是、与时俱进，是我们党保持先进性和增强创造力的决定性因素。这是对实事求是思想路线内容的丰富和重大发展，把马克思主义中国化又向前推进了一步。

与时俱进与实事求是具有内在关联性。第一，实事求是是与时俱进的前提。在原有实事求是的理论基础上，才会有与时俱进的具体实践；否则，与时俱进就是空中楼阁、无根浮萍。与时俱进是一种工作方法和思考方法，也是推动事物发展的科学精神，与时俱进的前提就是遵循实事求是的标准，二者相辅相成、联系密切。第二，与时俱进是实现实事求是的根本路径。要对客观世界进行全面认识，就需要在不断变化发展的实际中，不断提升人的认识。因此，我们要坚持与时俱进的态度，采取积极进取、开拓创新的精神，改造主观世界和客观世界，开创和完成新的社会主义现代化建设任务。

胡锦涛同志在学习《江泽民文选》报告会上的讲

话中指出:"解放思想、实事求是、与时俱进,是马克思主义活的灵魂,是我们适应新形势、认识新事物、完成新任务的根本思想武器。这个活的灵魂,在'三个代表'重要思想的全部理论中得到了充分体现。"① 江泽民同志对实事求是思想的发展,表明了马克思主义中国化取得了崭新的成果,构成了新世纪指导我们党的建设的思想指南。

四、 实事求是是科学发展观的理论特色

胡锦涛同志在庆祝中国共产党成立90周年大会上的讲话中,对坚持实事求是的重要性作了深刻论述。他说:"在历史上的一些时期,我们曾经犯过错误甚至遇到严重挫折,根本原因就在于当时的指导思想脱离了中国实际。我们党能够依靠自己和人民的力量纠正错误,在挫折中奋起,继续胜利前进,根本原因就在于重新恢复和坚持贯彻了实事求是。"② 胡锦涛同志关于实事求是的重要论述,一方面继承了毛泽东同志、邓小平同志和江泽民同志先后从"实事求是"四个大

---

① 《胡锦涛文选》第二卷,人民出版社2016年版,第494页。
② 胡锦涛:《在庆祝中国共产党成立90周年大会上的讲话》,《人民日报》2011年7月2日。

实事求是

字到"解放思想，实事求是"八个大字再到"解放思想、实事求是、与时俱进"十二个大字所作的不断探索的基本精神内核，同时在此基础上步步分析并深化内涵，创新性发展了实事求是的理论内蕴，对党的思想路线的核心内容作了新概括和新表述①，提出"求真务实，是辩证唯物主义和历史唯物主义一以贯之的科学精神，是我们党的思想路线的核心内容，也是党的优良传统和共产党人应该具备的政治品格"②。胡锦涛同志把我们党的思想路线的核心内容与辩证唯物主义和历史唯物主义一以贯之的科学精神内在地统一起来，深入分析党和国家在新世纪新阶段的世情国情党情的发展变化，针对党和国家治理实践中存在的形式主义和官僚主义问题，将党的实事求是思想路线的核心内核概括为求真务实，号召全党同志要大力弘扬求真务实精神、大兴求真务实之风。

作为中国共产党在新世纪新阶段的理论创新成果，科学发展观具有求真务实的理论品质。以往各种非科学的、片面的发展观之所以陷入误区，其根源在于背离了一切从实际出发的马克思主义认识论的基本原理。

---

① 贺祥林、龚超：《关于求真务实的三点思索》，《马克思主义研究》2006年第4期。

② 胡锦涛：《大力弘扬求真务实精神大兴求真务实之风 继续深入开展党风廉政建设和反腐败斗争》，《人民日报》2004年1月13日。

第五章 坚持实事求是,就要不断推进实践基础上的理论创新

科学发展观之所以能够实现对以往各种发展观的扬弃和超越,关键在于实事求是地认识和揭示了人类社会发展规律、中国特色社会主义建设规律、中国共产党执政规律,并将它转化为指导发展的思想原则、工作方法和领导方法,以此促进我国经济社会全面协调可持续发展,这正是科学发展观的真理性、先进性和力量所在。[①] 胡锦涛同志还强调:"在全党大力弘扬求真务实精神、大兴求真务实之风,关键是要引导全党同志不断求我国社会主义初级阶段基本国情之真,务坚持长期艰苦奋斗之实;求社会主义建设规律和人类社会发展规律之真,务抓好发展这个党执政兴国的第一要务之实;求人民群众的历史地位和作用之真,务发展最广大人民根本利益之实;求共产党执政规律之真,务全面加强和改进党的建设之实。"[②] 从新世纪新阶段的治国理政的实践历程来看,"求真务实"是新世纪新阶段实事求是思想路线的新内涵,展现了全党在新世纪新阶段面临的新实践新要求,把作为贯彻落实党的思想路线核心内容的求真务实进一步系统化具体化。

大力弘扬求真务实,提升能力本领是首要之举。

[①] 苏晓明:《论科学发展观的理论品质》,《江汉论坛》2007年第1期。
[②] 中共中央文献研究室编:《十六大以来重要文献选编》(上),中央文献出版社2011年版,第728—729页。

实事求是

具备求真务实的能力和素质，是保障党员干部解决实际问题的基础和前提。当今国际国内政治经济发展呈现快速化和复杂化的发展趋势，机遇与挑战并存，要想抓住发展战略机遇期，实现政治、经济、文化建设等多方面质、量齐升，就需要党的执政骨干努力提升执政能力，巩固党的执政基础、加强学习，用求真务实的能力本领和工作方法，扎扎实实做好各项工作。

大力弘扬求真务实，落到实处是关键。这就要求党员干部工作认真负责，切实解决关系到人民群众切身利益的问题；脚踏实地开展工作，做到每项任务都出成效；坚决反对形式主义，一心一意办实事，实事求是谋发展。

求真务实，是我们党的一以贯之的优良传统和作风，是坚持马克思主义科学世界观和方法论的本质要求，更是马克思主义国家利益观的根本特征和价值考量。① 胡锦涛同志指出："要全面推进党的建设新的伟大工程，加强党员干部队伍建设，提高党的执政能力，都必须大力弘扬求真务实精神、大兴求真务实之风。"② 坚持解放思想、实事求是的思想路线，在实践基础上勇

---

① 秦正为：《论胡锦涛的国家利益观》，《中共云南省委党校学报》2015年第1期。
② 胡锦涛：《大力弘扬求真务实精神 大兴求真务实之风》，《人民日报》2004年1月13日。

于创新，踏踏实实地把中国特色的社会主义事业推向前进。胡锦涛同志对求真务实内涵的揭示和生动实践，大力弘扬求真务实精神，大兴求真务实作风，对改进党的建设和实现中华民族伟大复兴起着指导和推动作用，扎扎实实地推进了改革开放和社会主义现代化建设。

五、实事求是是习近平新时代中国特色社会主义思想的唯物论特质

习近平新时代中国特色社会主义思想继承和发展了实事求是思想。2012年，习近平同志在中央党校春季学期第二批入学学员开学典礼上指出："实事求是作为党的思想路线，它始终是马克思主义中国化理论成果的精髓和灵魂，即是毛泽东思想的精髓和灵魂，是包括邓小平理论、'三个代表'重要思想以及科学发展观在内的中国特色社会主义理论体系的精髓和灵魂；它始终是中国共产党人认识世界和改造世界的根本要求，是我们党的基本思想方法、工作方法和领导方法，是党带领人民推动中国革命、建设、改革事业不断取得胜利的重要法宝。"[1] 坚持实事求是，有助于我们党

---

[1] 习近平：《坚持实事求是的思想路线》，《学习时报》2012年5月28日。

真正做到全心全意为人民服务、增强历史主动，谱写新时代中国特色社会主义更加绚丽的华章。

习近平总书记对实事求是思想路线的内涵和重要性有着深刻论述，同时他更加注重把实事求是思想路线贯彻到治国理政的实践当中去，他指明："实事求是，是马克思主义的根本观点，是中国共产党人认识世界、改造世界的根本要求，是我们党的基本思想方法、工作方法、领导方法。"① 习近平总书记是实事求是知行合一者的典范。党的十八大以来，习近平总书记从全党和全国面临的形势和问题出发，以实事求是的思想作风洞察时代大势、锻造坚强党性，谋划和推动"五位一体"总体布局和"四个全面"战略布局；以创新、协调、绿色、开放、共享的新发展理念破解经济发展新常态；以推进和深化供给侧结构性改革推动经济高质量发展；等等，体现了实事求是的马克思主义品格。辩证唯物主义之精髓即为实事求是，实事求是亦为我们党坚持走中国特色社会主义道路的指导思想。②

实事求是要求一切要从实际出发，必须在客观实

---

① 《习近平谈治国理政》，外文出版社 2014 年版，第 25 页。
② 赖风、朱炳元：《习近平新时代中国特色社会主义思想的哲学底蕴》，《观察与思考》2017 年第 11 期。

第五章 坚持实事求是，就要不断推进实践基础上的理论创新

际中寻找方法、政策和方针。"一切从实际出发"是贯彻党的实事求是思想路线的首要前提和基础，是治国理政的出发点。习近平总书记无论是在主政地方还是领导中央工作的过程中都主张一切从实际出发，[①] 他深刻指出："坚持实事求是，就能兴党兴国；违背实事求是，就会误党误国。"[②] 在他看来，实事求是的第一步工作就是要把实际情况了解清楚，各行业、各部门、各地区的负责同志都要深入到群众当中去，深入到生活当中去，只有把需要解决的问题先研究清楚，才能做到心中有数、胸有成竹，才不会脱离实际从而导致严重的决策失误和错误。[③] 习近平总书记关于实事求是的重要论述，体现了马克思主义的根本观点，彰显了毛泽东思想的理论真谛。党的十八大以来，习近平总书记带领我们党始终以实事求是为指导思想，做到一切从实际出发、理论联系实际，推进中国特色社会主义事业迈向前进。

习近平总书记提出关于实事求是的"四个坚持"："坚持实事求是，就要深入实际了解事物的本来面貌"；

[①] 廉昌：《实事求是视域下习近平治国理政方略研究》，《领导科学论坛》2018年第13期。
[②] 中共中央宣传部编：《习近平新时代中国特色社会主义思想学习纲要》，人民出版社2019年版，第243页。
[③] 廉昌：《实事求是视域下习近平治国理政方略研究》，《领导科学论坛》2018年第13期。

实事求是

"坚持实事求是,就要清醒认识和正确把握我国仍处于并将长期处于社会主义初级阶段这个基本国情";"坚持实事求是,就要坚持为了人民利益坚持真理、修正错误";"坚持实事求是,就要不断推进实践基础上的理论创新"。[①] 并全面深刻阐释了新时代"为什么要坚持实事求是,怎么样坚持实事求是"的问题,这是对马克思主义中国化成果的进一步系统化和理论化,丰富发展了实事求是思想。

党的十九届六中全会审议通过的《中共中央关于党的百年奋斗重大成就和历史经验的决议》,尊重历史、实事求是,反映了党百年奋斗的初心使命,科学阐明了习近平新时代中国特色社会主义思想的理论内涵和重大意义,并在"开创中国特色社会主义新时代"部分将习近平新时代中国特色社会主义思想的最核心内容分述为"十个明确""十四个坚持""十三个方面的成就"。其中,"十个明确"对总目标和总任务的战略部署,体现了对我国仍处于并将长期处于社会主义初级阶段的基本国情、最大实际的遵循;对"五位一体"总体布局和"四个全面"战略布局的精心谋划彰显了对国内外形势的精准研判,体现出习近平新时代

---

① 习近平:《在纪念毛泽东同志诞辰 120 周年座谈会上的讲话》,《人民日报》2013 年 12 月 27 日。

中国特色社会主义思想对中华民族伟大复兴的战略全局和世界百年未有之大变局的深刻把握。

在中国迈入新时代之际,国内外形势复杂严峻。我国正处于世界百年未有之大变局,世界处于大发展大变革大调整时期。复杂的国际环境带来了新风险、新挑战,同时我国处在全面建成社会主义现代化强国的新征程,处在中华民族伟大复兴的关键时期,党的建设也面临着新挑战。① 历史地看,新时代党的建设面临着双重巨任:一是实事求是面对自身问题,要求正风肃纪、惩治腐败,自我净化、自我革新;一是实事求是面向长期执政,要求以政治建设为统领,把制度建设贯穿其中,自我完善、自我提高,全面加强各项建设。② 面对新情况新问题,习近平总书记坚持实事求是。他深刻把握了实事求是的价值精髓,指出了中国共产党人奋斗的方向,持续推进全面从严治党。他强调:"我们党要求全党同志不忘初心、牢记使命。""越是长期执政,越不能丢掉马克思主义政党的本色,越不能忘记党的初心使命,越不能丧失自我革命精神。"③

---

① 陈曦、刘友田:《关于初心使命重要论述的哲学意蕴》,《学理论》2022年第6期。
② 翟俊刚:《习近平新时代中国特色社会主义思想的实事求是精神》,《观察与思考》2020年第11期。
③ 《习近平谈治国理政》第三卷,外文出版社2020年版,第529页。

实事求是

所谓初心使命就是实事求是在当下的呈现。"中国共产党人的初心和使命，就是为中国人民谋幸福，为中华民族谋复兴。"① 习近平总书记强调牢记初心使命的重要性，并坚持开展主题教育，从理论与实践双向层面再次系统阐释，赋予了实事求是在新时代的蕴涵，这是基于我国面临的客观实际实事求是作出的重要举措。

守正创新不仅是开拓马克思主义中国化时代化新境界的内在要求，更是中国共产党的内在品格。坚持实事求是的思想路线，就是要坚持守正与创新相结合，在继承的基础上与时俱进地推进马克思主义的发展，推进马克思主义中国化时代化进程。

守正不是守旧，绝不能把马克思主义当作教条来固守，必须实事求是地发展马克思主义。推进马克思主义发展的过程，实质上就是在实践的基础上把马克思主义基本原理不断地与本国实际和时代特征相结合的过程，从而产生出具有各民族、各国家特色的马克思主义，进而推进马克思主义的发展。②

守正的同时要注重创新。马克思主义是不断回应

---

① 习近平:《决胜全面建成小康社会 夺取新时代中国特色社会主义伟大胜利——在中国共产党第十九次全国代表大会上的讲话》,《人民日报》2017年10月28日。
② 张远新:《具有重大价值的探索和回答——邓小平论"什么是马克思主义、怎样对待马克思主义"》,《思想理论教育》2010年第3期。

第五章 坚持实事求是,就要不断推进实践基础上的理论创新

时代问题的理论,是在不断创新中发展的理论。正是因为这种不断的创新发展,才使得马克思主义永葆青春与活力,才彰显了马克思主义的真理和科学价值。在1989年同戈尔巴乔夫的谈话中,邓小平同志再次强调:"世界形势日新月异……不以新的思想、观点去继承、发展马克思主义,不是真正的马克思主义者。"①新的时代产生新的问题,需要新的理论解决,马克思主义者想要解决新的时代问题,完成时代赋予的历史使命,必须结合时代发展条件,实事求是地实现马克思主义时代化,形成一系列经得起时代和历史检验的新理论、新思想、新战略。

因此,习近平新时代中国特色社会主义思想是我们党传承发扬"实事求是"传统的伟大创新成果,是马克思主义实事求是精神的又一次伟大彰扬。实事求是是习近平新时代中国特色社会主义思想的逻辑精义,发掘和弘扬其科学内涵,对于中国特色社会主义理论与实践具有重要价值。

---

① 《邓小平文选》第三卷,人民出版社1993年版,第291—292页。

第六章　坚持实事求是，关键要掌握党的创新理论的世界观和方法论

习近平新时代中国特色社会主义思想是当代中国马克思主义、21世纪马克思主义，是中华文化和中国精神的时代精华，实现了马克思主义中国化时代化新的飞跃。党的十八大以来，党和国家发生的历史性变革、取得的历史性成就、产生的历史性影响充分证明了，习近平新时代中国特色社会主义思想是完全正确的科学理论体系，其中蕴含着丰富的辩证唯物主义和历史唯物主义的方法体系，实事求是是贯穿其中的重要理论基础。习近平总书记在党的二十大报告中系统阐述的"六个必须坚持"是党的创新理论的世界观和方法论，是各级领导干部深化学哲学、用哲学，深化思想方法锤炼，深化践行实事求是思想路线的重要指引。新时代领导干部坚持实事求是，最关键最根本最管用的就是要系统掌握、科学运用好习近平新时代中国特色社会主义思想中蕴含的世界观和方法论。

第六章 坚持实事求是,关键要掌握党的创新理论的世界观和方法论

一、坚持人民至上是新时代践行实事求是思想路线的力量之源

党的二十大报告指出:"必须坚持人民至上。人民性是马克思主义的本质属性,党的理论是来自人民、为了人民、造福人民的理论,人民的创造性实践是理论创新的不竭源泉。一切脱离人民的理论都是苍白无力的,一切不为人民造福的理论都是没有生命力的。我们要站稳人民立场、把握人民愿望、尊重人民创造、集中人民智慧,形成为人民所喜爱、所认同、所拥有的理论,使之成为指导人民认识世界和改造世界的强大思想武器。"① "必须坚持人民至上"深刻回答了新时代实事求是"依靠谁、为了谁"的问题。人民至上是马克思主义的价值灵魂,人民大众的立场是我们马克思主义政党的根本立场所在。坚持实事求是,就是要坚持以人民为中心的发展思想,厚植密切联系群众、从群众中来、到群众中去的马克思主义群众观;就是要不忘初心、牢记使命,弘扬伟大建党精神,继续团

---

① 习近平:《高举中国特色社会主义伟大旗帜 为全面建设社会主义现代化国家而团结奋斗——在中国共产党第二十次全国代表大会上的报告》,《人民日报》2022年10月26日。

结带领人民实现中华民族伟大复兴的光荣梦想；就是要一切为了人民、一切依靠人民、发展成果由全体人民共享，扎实推动全体人民共同富裕。

回溯习近平新时代中国特色社会主义思想在地方的孕育和实践过程，坚持解放思想、实事求是、与时俱进、求真务实、开拓创新的理念始终贯穿其中，充分彰显了习近平同志爱民、为民、敬民的人民情怀。七年的知青岁月，青年习近平扎根黄土高原，在山沟沟里同人民群众同甘共苦、情同手足、血肉相连、鱼水交融；七年的知青岁月，青年习近平从老百姓的期盼和诉求中的实际出发，带领群众挖窑洞，建沼气池，打井取水，打坝造田，办缝纫社、铁业社……群众需要什么就干什么，与人民群众结下了深厚情谊；七年的知青岁月，青年习近平扎深了根基，接足了地气，摸透了民情。习近平总书记曾自述："七年上山下乡的艰苦生活对我的锻炼很大。最大的收获有两点：一是让我懂得了什么叫实际，什么叫实事求是，什么叫群众。这是让我获益终生的东西。二是培养了我的自信心。"[1]

习近平同志在河北正定工作期间，直面基层当时

---

[1] 中央党校采访实录编辑室：《习近平的七年知青岁月》，中共中央党校出版社2019年版，第462—463页。

第六章 坚持实事求是，关键要掌握党的创新理论的世界观和方法论

经济上的"贫困"、思想上的"僵化"，用"把百姓的事放在心里""改革戏必须大家唱""拆掉围墙，八面来风""刹住新的不正之风没有气势不行"等铿锵有力的改革行动，践行人民利益高于一切的崇高追求。他担任县一级"一线总指挥"，办好了改善"校园危房"、通好"公交车"、改变"连茅圈"等一件件具体事情。从实际出发，既抓大事，也抓细节。在福建工作期间，习近平同志提出了领导干部主动上门走访的思路，并将其作为改进工作作风、克服官僚主义的重要举措。在他看来，领导干部上门走访，变被动为主动，既摆正了同群众的关系，强化了公仆意识，又达到了倾听群众呼声、接受群众监督、团结群众的目的。正是凭借着这种依靠群众、深入群众政治情怀，习近平同志走遍闽东山山水水，深入城镇、乡村、工矿、企业、学校调查研究，运筹发展。在浙江工作期间，习近平同志还提出了"跟着群众跳火坑"的群众工作方法，他强调："党的正确的方针政策只有被群众理解，才能变成改造客观世界的物质力量。我们的方针再正确，如果不被群众理解，也难以贯彻施行。如果群众不听，你就先跟着群众走，群众跳火坑，你也跟着跳下去，群众觉悟了，从火坑里爬出来，最终还是要跟你走。群众跳，你不跳，干群

关系就疏远了。你一起跳,感情上拉近了,工作就好做了。"① 这生动地展现了习近平总书记发动群众、教育群众、带领群众、领导群众的原则艺术和高超方法。

党的十八大以来,以习近平同志为核心的党中央,一以贯之地强调"人民对美好生活的向往,就是我们的奋斗目标""现代化的本质是人的现代化""江山就是人民,人民就是江山""让人民生活幸福是'国之大者'"等以人民为中心的发展思想,时时刻刻将人民需要、人民期盼、人民幸福放在最高位置。习近平总书记恪守不忘初心、牢记使命的为民初心。为打赢脱贫攻坚战,他走遍十四个集中连片特困地区,听民声、察民情、解民忧,从人民中走来,与人民同行、为人民奋斗的脚步从未停歇;坚持全心全意为人民服务的根本宗旨,统筹"五位一体"总体布局和协调推进"四个全面"战略布局,实现了全面建成惠及十四亿人的小康社会的第一个百年奋斗目标,人民生活水平显著提升;坚持人民至上和生命至上的原则,统筹新冠疫情防控与经济社会发展,坚决打赢疫情防控的人民战争、总体战、阻击战,最大限

---

① 习近平:《干在实处 走在前列——推进浙江新发展的思考与实践》,中共中央党校出版社2006年版,第531—532页。

度地维护和保护了人民群众的财产安全和生命健康。"不断把人民对美好生活的向往变为现实"①，习近平总书记在二十届中央政治局常委同中外记者见面时的这句话，是接续奋斗的郑重嘱托，也是面向未来的庄严宣示。

正如习近平总书记所说的："古人讲：'与天下同利者，天下持之；擅天下之利者，天下谋之。'党章明确规定，我们党没有自己特殊的利益，党在任何时候都把群众利益放在第一位。"② 新时代坚持实事求是，就是要向习近平总书记看齐，向党中央看齐，自觉坚持人民至上和以人民为中心的发展思想，将实事求是的根基和力量牢牢放在为人民服务之上，牢牢把握新时代人民群众的"实事"，求人民之所"是"，按人民群众是历史创造者的发展规律性以"求"，才能将一切从实际出发、解放思想、实事求是的思想路线同"从群众中来，到群众中去"的群众路线很好地融合、贯通起来，不断书写人民群众对美好生活向往的新篇章。

---

① 习近平：《始终坚持一切为了人民一切依靠人民 以中国式现代化全面推进中华民族伟大复兴》，《人民日报》2022年10月24日。
② 习近平：《坚持人民至上》，《求是》2022年第20期。

二、坚持自信自立是新时代践行实事求是思想路线的立根之基

坚持自信自立，是习近平新时代中国特色社会主义思想的精神特质，既深刻体现了物质和意识辩证关系的基本原理，也深刻体现了中国共产党人尊重客观规律、敢于开拓创新的历史主动精神。习近平新时代中国特色社会主义思想体现了独立自主的探索精神，贯穿着坚持走自己的路的信心和决心。坚持实事求是是坚持自信自立的重要依托和根本结果。我们党之所以能够团结带领全国各族人民取得革命、建设、改革的一个个伟大胜利，最根本的就在于我们党根据中国具体国情民意，走自己的发展道路，不断发展壮大，屹立于世界民族之林。

党的二十大报告指出："中国人民和中华民族从近代以后的深重苦难走向伟大复兴的光明前景，从来就没有教科书，更没有现成答案。党的百年奋斗成功道路是党领导人民独立自主探索开辟出来的，马克思主义的中国篇章是中国共产党人依靠自身力量实践出来的，贯穿其中的一个基本点就是中国的问题必须从中国基本国情出发，由中国人自己来解答。我们要坚持

第六章　坚持实事求是，关键要掌握党的创新理论的世界观和方法论

对马克思主义的坚定信仰、对中国特色社会主义的坚定信念，坚定道路自信、理论自信、制度自信、文化自信，以更加积极的历史担当和创造精神为发展马克思主义作出新的贡献，既不能刻舟求剑、封闭僵化，也不能照抄照搬、食洋不化。"①

无论是从革命战争年代，我们党领导人民独立自主探寻解决人民解放、民族独立、国家建设的正确道路，还是新中国成立初期，党和人民政府在极其困难的情况下领导全国人民迅速恢复和发展了国民经济，用实际行动向世人说明，中国共产党不仅能得天下，而且善于治天下，有能力领导全国人民把国家管理好建设好；无论是新中国成立初期依靠自身力量快速恢复国民经济体系，还是短时间内建立较为完整的国民经济体系和工业门类体系；无论是自主攻克"两弹一星"难题，还是改革开放以来，自主培育超级杂交水稻，自主研发走遍全国、走向世界的中国高铁；无论是中国首台千万亿次超级计算机"天河一号"，中国量子通信卫星等重大科技项目，还是进入新时代以来天宫、蛟龙、天眼、悟空、墨子、大飞机等重大科技

---

① 习近平：《高举中国特色社会主义伟大旗帜　为全面建设社会主义现代化国家而团结奋斗——在中国共产党第二十次全国代表大会上的报告》，《人民日报》2022年10月26日。

成果相继问世，以及正在推进的高水平自立自强的创新科技项目的频频突破，都充分彰显了我们党团结带领全国各族人民独立自主地建设社会主义国家的自信心和自豪感。正如习近平总书记所说的那样："世界上既不存在定于一尊的现代化模式，也不存在放之四海而皆准的现代化标准。"① 他还强调："当代中国的伟大社会变革，不是简单延续我国历史文化的母版，不是简单套用马克思主义经典作家设想的模板，不是其他国家社会主义实践的再版，也不是国外现代化发展的翻版。"② 因此，以习近平同志为核心的党中央团结带领人民成功推进和拓展了中国式现代化，丰富和发展了人类文明新形态。这是我们最大的自立所在。

党的十八大以来我们党团结带领全国各族人民成功实现第一个百年奋斗目标，朝着第二个百年奋斗目标进军，取得历史性成就、发生历史性变革，极大增强了中国人民的民族自信心和自豪感。回顾党的百年奋斗历程，在中国共产党的带领下，我们依据中国国情，不断推进马克思主义基本原理同中国具体实际相

---

① 习近平：《论把握新发展阶段、贯彻新发展理念、构建新发展格局》，中央文献出版社2021年版，第9页。
② 中共中央党史和文献研究院编：《十九大以来重要文献选编》（上），中央文献出版社2019年版，第434页。

结合、同中华优秀传统文化相结合,马克思主义中国化时代化绽放出真理光芒和实践威力。我们探索形成的中国特色社会主义道路越走越宽,我们积淀形成的中国特色社会主义理论越来越深厚,我们臻于完善的中国特色社会主义制度优势越来越彰显,我们厚积薄发的中国特色社会主义文化越来越兴盛,我们党团结带领全国人民以前所未有的道路自信、理论自信、制度自信、文化自信,前所未有地接近实现中华民族伟大复兴的目标。

正如习近平总书记在看望参加全国政协十三届四次会议的医药卫生界、教育界委员,并参加联组会时说的那样:"70后、80后、90后、00后,他们走出去看世界之前,中国已经可以平视这个世界了,也不像我们当年那么'土'了……"① 这是一种历史性的变化,这更是一种源于实力的自信。新时代的中国,自信自立已经成为中国人民和中华民族的内在气质和精神风貌。这正是我们坚持走自己的路,用自己的实践解答自己的发展问题的实事求是的生动诠释。

---

① 《"'大思政课'我们要善用之"》,《人民日报》2021年3月7日。

三、坚持守正创新是新时代践行实事求是思想路线的发展之要

坚持守正创新,是习近平新时代中国特色社会主义思想的理论品格,既深刻体现了辩证唯物论的基本要义,也深刻体现了马克思主义理论创新发展的内在规律。把坚持和发展马克思主义统一起来,结合新的实践不断做好新的理论创造,是马克思主义永葆生机活力的密钥。守正创新是习近平新时代中国特色社会主义思想的显著标识。"党的十八大以来,以习近平同志为核心的党中央坚持把马克思主义基本原理同中国具体实际相结合、同中华优秀传统文化相结合,既在根本性问题上旗帜鲜明、毫不含糊,又顺应新时代要求,以巨大勇气和魄力推进各方面改革创新,使中国共产党的面貌、中国人民的面貌、社会主义中国的面貌、中华民族的面貌焕然一新。"[①] 新时代坚持实事求是,就是要在坚守改革初心、执政初心等基本信仰信念的基础上,勇于创新实践,开启事业发展新境界。党的二十大报告指出:"我们从事的是前无古人

---

① 中共中国社会科学院党组:《深刻领会"六个必须坚持",继续推进实践基础上的理论创新》,《求是》2023年第3期。

第六章 坚持实事求是，关键要掌握党的创新理论的世界观和方法论

的伟大事业，守正才能不迷失方向、不犯颠覆性错误，创新才能把握时代、引领时代。我们要以科学的态度对待科学、以真理的精神追求真理，坚持马克思主义基本原理不动摇，坚持党的全面领导不动摇，坚持中国特色社会主义不动摇，紧跟时代步伐，顺应实践发展，以满腔热忱对待一切新生事物，不断拓展认识的广度和深度，敢于说前人没有说过的新话，敢于干前人没有干过的事情，以新的理论指导新的实践。"①

从实事求是到解放思想、实事求是，到解放思想、实事求是、与时俱进，再到解放思想、实事求是、与时俱进、求真务实，这本身就是一种守正创新的发展过程。党的百年奋斗历程，是继承和弘扬马克思主义理论，并在推进马克思主义中国化时代化的历史进程中不断开展理论创新、制度创新、实践创新、方法创新的百年创新史。我们党的百年奋斗成就也是在坚守理想信念与创新工作理念的良性互动中实现螺旋上升而铸就的历史伟业。

党团结带领全国各族人民推进国家独立和人民解

---

① 习近平：《高举中国特色社会主义伟大旗帜 为全面建设社会主义现代化国家而团结奋斗——在中国共产党第二十次全国代表大会上的报告》，《人民日报》2022年10月26日。

放、改革发展稳定、"五位一体"总体布局和"四个全面"战略布局的生动实践中,坚持一切从基本国情和实际情况出发,建立完善符合基本国情、顺应人民需要、适应时代发展的国家基本政治制度和治理体系。

"人民代表大会制度是符合中国国情和实际、体现社会主义国家性质、保证人民当家作主、保障实现中华民族伟大复兴的好制度。"① 早在抗日战争时期,我们党在根据地民主政权的组织形式是边区、县、乡参议会和人民政府。参议会实行"三三制",即在参议会中,共产党员、非党的左派进步分子、中间分子及其他分子各占三分之一,我们党领导人民创造了"画圈法""画点法""画杠法""烙票法""背箱法"等选举方法。在这一阶段,我们党对国家制度形成了较成熟的思想。② 毛泽东同志在《新民主主义论》中第一次正式提出中国未来的政权组织形式是要建立人民代表大会制度。在解放战争时期,在贫农团和农会的基础上建立了区、乡两级人民代表会议和人民政府。新中国成立后,1954年宪法通过,人民代表大会制度正式建立,成为保障人民当家作主、落实全过程人民民主

---

① 习近平:《在庆祝全国人民代表大会成立六十周年大会上的讲话》,《求是》2019年第18期。
② 参见卢毅:《"因为边区有民主":抗战时期中共声望的提升》,《中国延安干部学院学报》2017年第2期。

第六章　坚持实事求是，关键要掌握党的创新理论的世界观和方法论

的根本制度和重要载体，七十多年来特别是改革开放四十多年来，正是依靠这一根本政治制度，中国共产党领导人民创造了两个奇迹，即世所罕见的经济快速发展奇迹和社会长期稳定奇迹，中华民族迎来了从站起来、富起来到强起来的伟大飞跃。这充分彰显了人民代表大会制度的无比优越性和强大生命力。

人民政协也是中国共产党的伟大创造。人民政协的优势集中体现在"三个'独'上。即一是独特性，是与党的革命道路有着天然的联系，是具有中国特色社会主义道路的必然产物。二是独有性，是中华民族文化的时代发扬，天下为公的精神追求，兼容并蓄的政治胸怀，求同存异的价值取向。三是独到性，是为新中国成立奠定基石，在社会主义建设和改革开放中不断创新，是中国制度自信的世界展示"①。

"民族区域自治制度是我们党的伟大创举。建党初期，由于对我国的历史和现状，特别是对我国各民族的情况缺乏了解，我们党解决国内民族问题的思路，较多地受到共产国际特别是苏联模式的影响。后来随着对民族地区深入接触和了解，我们党探索提出在统

---

①　柴俊勇：《人民政协是中国共产党的伟大创造》，《人民政协报》2016年7月13日。

一的国家内实行民族区域自治的主张，逐渐找到解决我国民族问题、维护国家长治久安的根本之策。"[①] 长征途中，我们党曾帮助少数民族建立了甘孜博巴政府、豫海回民自治政府等。抗日战争时期，我们党建立了若干有少数民族参加的抗日民主政权和民族自治政权，实行一定区域内的民族自治。在长期的历史实践中，我们党逐步认识到了统一的多民族国家的基本国情，认识到了用联邦制解决民族问题存在导致国家分裂的危险。同时，民族区域自治制度更加符合"大一统"的历史基因，更加符合全国各族人民的根本利益。因此，1947年5月，内蒙古自治政府成立，成为我们党用民族区域自治政策解决民族问题的成功范例，也成功开创了我国特色解决民族问题的正确道路、正确制度、正确政策。

基层民主政治制度是中国共产党的治理首创。从1980年第一个村民委员会诞生于广西的偏远山寨，到以村民委员会为载体的村民自治成为国家法律制度，直至成为中国特色社会主义政治制度的四根支柱之一，成为亿万农民群众社会主义基层民主的实践活动，经历了一个波澜壮阔的历史进程，是

[①] 闵言平：《坚持和完善民族区域自治制度》，《中国民族报》2020年6月16日。

中国历史上前所未有的伟大政治实践之一。坚持实事求是，就是要体现基层群众的首创精神，注重发挥基层群众自我管理、自我服务、自我监督的积极性、主动性和创造性，不断增加和拓展人民群众反映意见建议的渠道，着力推进基层民主制度化、程序化、规范化。

我国基本政治制度的形成、发展和完善的历程，是党团结带领全国各族人民，依据中国基本国情，依据各族人民对制度和治理的基本诉求，立足解决国家治理和公共事务突出问题，创设一整套中国特色社会主义制度和国家治理体系的过程。实践证明，这一套制度和治理体系是科学的、有效的、管用的。因此，新时代坚持实事求是，必须深刻把握治国理政的内在规律性，以创新的思维方式和实现形式，不断释放制度优势和治理潜能，推进国家治理体系和治理能力现代化。

四、坚持问题导向是新时代践行实事求是思想路线的实践之靶

坚持问题导向，是习近平新时代中国特色社会主义思想的鲜明风格，深刻体现了一切从实际出发、具

体问题具体分析、积极面对和化解前进中遇到的矛盾等辩证唯物主义世界观和方法论。问题是时代的声音,回答并指导解决问题是理论的根本任务。中国共产党人干革命、搞建设、抓改革,自始至终都是为了解决中国发展的现实问题。坚持实事求是,就是要树立以问题为导向的思维方式,精准聚焦问题,靶向定位施策,具体问题具体分析,在矛盾的普遍性中把握特殊性,在问题的普遍性中探寻解决问题的特殊之策。

马克思指出,问题是时代的口号。"中国共产党人要以更加宽阔的世界眼光审视马克思主义在当代发展的现实基础,坚持问题导向,聆听时代声音,与时代同频共振。"[①] 习近平新时代中国特色社会主义思想的孕育及实践历程,充分体现了坚持问题导向的基本特征。习近平同志到河北正定后不久,根据正定正好处在省会石家庄市和广大农村之间的现实,提出正定应该走"半城郊型"经济的发展路子,从此之后,正定就确立了"依托城市、服务城市、打入石市、挤进京津、咬住晋蒙、冲向全国"的创新发展的新思路。20世纪90年代,习近平同志在福建宁德率先开展"造福搬迁"工程,组织"经济大合唱",大念"山海经",

---

① 陆鹏:《习近平新时代中国特色社会主义思想蕴含的方法论特质》,《广西社会主义学院学报》2022年第3期。

一步一步赶上福建全省平均发展水平,顺利摘掉"连片特困地区"和六个"国家贫困县"帽子。在产业政策上,习近平同志强调因地制宜,发挥区域优势。他提出的一系列发展经济的思路办法,都是针对现实存在的发展难题,奔着群众发展期盼而去的。之所以能够见实效,根本在于其符合实际、顺应民心,关键在于精准施策、靶向疗法。

党的十八大以来,习近平总书记高举改革开放旗帜,对全面深化改革提出一系列重要论断、作出一系列战略部署,强调改革开放"是决定当代中国命运的关键一招,也是决定实现'两个一百年'奋斗目标、实现中华民族伟大复兴的关键一招"[①]。因此,不断针对发展中的突出矛盾和问题,全面深化改革,用改革和创新的办法克服前进中的困难和问题,不断推进伟大事业发展。

问题导向的创新性实践的核心在于运用马克思主义立场观点方法来科学解决实践中存在的问题和困难,在方法论上体现为习近平总书记熟能生巧的"解剖麻雀,典型引路"的工作方法,这一方法充分彰显了习近平新时代中国特色社会主义思想问题导向下的

---

① 习近平:《论全面深化改革》,中央文献出版社2018年版,第512—513页。

实践创新思维,充分彰显了运用实事求是的原则和思维破解工作难题的实践范例。

五、 坚持系统观念是新时代践行实事求是思想路线的统筹之法

坚持系统观念,是习近平新时代中国特色社会主义思想的科学方法,深刻展现了辩证唯物主义中具有基础性的思想和工作方法。世界万物是相互联系、相互依存的。只有用普遍联系的、发展变化的、全面系统的思维模式观察事物,才能充分把握事物发展的客观规律。

坚持系统观念的实事求是方法论就是要做到统筹兼顾。统筹兼顾,是我们党在长期的革命斗争和社会主义现代化建设实践中形成的一种宝贵的思维方式和工作方法,闪烁着马克思主义辩证唯物法的思想光辉,是领导干部思维活动和工作实践"工具箱"中的必备工具。

习近平新时代中国特色社会主义思想系统全面地体现了统筹兼顾的辩证思维。从"十个明确"对全面深化改革的系统谋划,到"十四个坚持"对现代经济体系、民主政治建设、社会主义文化建设、加强和改

第六章　坚持实事求是，关键要掌握党的创新理论的世界观和方法论

善民生、推进生态文明建设、构建人类命运共同体和全面从严治党等全局性、系统性、战略性的谋划，充分彰显了矛盾分析、普遍联系、整体局部等方面的辩证思维，淋漓尽致地体现了历史与现实、理论与现实的统一。

习近平同志主张掌握和运用唯物辩证法观察和分析问题是一个坚定的信念，是一个笃行的过程，更是一个实践检验的过程。早在2004年，习近平同志主政浙江时就提出："统筹兼顾是中国共产党的一个科学方法论。它的哲学内涵就是马克思主义辩证法。中国共产党特别强调统筹兼顾。毛主席的'弹钢琴'论有统筹兼顾，'十大关系'也处处体现着统筹兼顾的原则。"[①] 习近平同志在《要学会十指弹琴》一文中指出："唯物辩证法告诉我们，事物与事物之间都是彼此联系、不可分割的。我们在推进改革开放和现代化建设过程中，如果孤立地、片面地、简单地看问题，就会犯形而上学的错误。""领导干部一定要学会全面辩证地看问题，在认识上要有辩证统一的思想，在方法论上要学会统筹兼顾，在具体工作中要学会'十指弹琴'。"[②] 习近

---

① 习近平：《干在实处　走在前列——推进浙江新发展的思考与实践》，中共中央党校出版社2006年版，第25页。
② 习近平：《之江新语》，浙江人民出版社2007年版，第62页。

实事求是

平同志任总书记后，2014年在出访俄罗斯接受采访的时候，结合自己在中国各个层级任职，思考问题、开展工作、推动实践的思维过程和运用方法的体会，再次阐述了"十指弹琴"的工作方法。他指出："我曾在中国不同地方长期工作，深知中国从东部到西部，从地方到中央，各地各层级方方面面的差异太大了。因此，在中国当领导人，必须在把情况搞清楚的基础上，统筹兼顾、综合平衡，突出重点、带动全局，有的时候要抓大放小、以大兼小，有的时候又要以小带大、小中见大，形象地说，就是要十个指头弹钢琴。"[①] 此外，习近平总书记还注重统筹基础上的重点突出，强调突出重点的工作方法运用。他曾劝勉浙江的干部说："领导方法和工作方法十分重要……各地各部门一定要从各自的实际出发，善于抓主要矛盾，抓关键环节。"[②] 同时在政府与市场的关系方面，他强调："要讲辩证法、两点论。"[③] 这充分表明，习近平总书记关于统筹兼顾的思想方法是有自身的思维过程和认识经历的，也是在实践中不断深化和拓展而形成的，其思想性、哲理性和指导性不断形成和升华，成为我们学习的重

---

① 《习近平展现中国领导人魅力》，《人民日报》（海外版）2014年2月10日。
② 习近平：《干在实处　走在前列——推进浙江新发展的思考与实践》，中共中央党校出版社2006年版，第549页。
③ 《习近平谈治国理政》，外文出版社2014年版，第116页。

要素材和实践要求。

新冠疫情发生后,以习近平同志为核心的党中央,坚持人民至上和生命至上,高效统筹疫情防控与经济社会发展,充分彰显了"十指弹琴"的高超艺术。在湖北武汉疫情最吃紧的关键时刻,着重强调要以保障人民群众的生命安全作为最大使命,坚决打赢武汉保卫战、湖北保卫战。完成这个阶段性胜利之后,全国疫情防控方针转为"外防输入、内防反弹",党中央指导各级党委政府一手抓疫情防控,一手抓复工复产,一手抓防疫情,一手抓稳增长。当疫情防控转向"防重症"后,党中央一如既往支持各级地方注重农村薄弱环节疫情防控和医疗救助资源下沉工作,同时出台一揽子政策措施,有效恢复市场信心、刺激消费需求、推动经济社会发展重回正常轨道。在2022年中央经济工作会议上,习近平总书记进一步提出了"三个更好统筹"[①]的要求,进一步强调抓好2023年经济工作必须要树立系统观念,注重系统谋划,强调系统治理,综合施策。

坚持实事求是、增强系统观念、注重统筹协调的工作方法要求我们:一要总揽全局,统筹规划。事物

---

① 参见《中央经济工作会议在北京举行》,《人民日报》2022年12月17日。

是普遍联系的,要坚持联系的、发展的、全面的观点看问题、谋思路、推工作。在治国理政新实践中,就是要站在推进中华民族伟大复兴中国梦的伟大事业与推进党的建设的伟大工程的全局和战略高度来深化认识和谋划工作。协调推进和落实全面建设社会主义现代化国家、全面深化改革、全面依法治国、全面从严治党"四个全面"的战略布局和全面推进经济建设、政治建设、文化建设、社会建设、生态文明建设"五位一体"总体布局,使之相互促进、相互支撑,实现良性互动。坚持以宽广的胸怀把握全局,审时度势、与时俱进;以辩证的思维分析全局,顺势而为、因势利导;以系统的方法谋划全局,瞻前顾后、统筹安排。二要立足当前,着眼长远。把当前发展和长远发展联系起来,既考虑现在发展需要,又考虑未来发展需要;既遵循经济规律,又遵循自然规律;既讲究经济社会效益,又讲究资源和生态环境效益。坚持实现阶段性目标和促进可持续发展的有机统一,满足人民物质文化需要和促进人的全面发展的有机统一。三要全面推进,重点突破。把党和国家各项工作看作辩证统一整体,正确处理中心与全面、重点与非重点的关系,注重加强薄弱环节,补齐工作"短板",善于抓住和解决牵动全局的"牛鼻子"工作、事关长远的"衣领子"

重大问题,发挥其牵引作用,带动全面工作有所突破。四要协调各方,综合平衡。把经济社会发展看作动态过程,深刻认识平衡是相对的,不平衡是绝对的,充分发挥党总揽全局、协调各方的优势,善于在多元的利益格局下、多样思潮涌动的背景下、多变的国内外局势中,调动和凝聚积极因素,注重协调各方利益,服务中心和全局工作。

六、坚持胸怀天下是新时代践行实事求是思想路线的世界之维

坚持胸怀天下,充分体现了习近平新时代中国特色社会主义思想特有的大视野、大境界。在百年奋斗历程中,我们党始终以世界眼光关注人类前途命运,从人类发展大潮流、世界变化大格局、中国发展大历史正确认识和处理同外部世界的关系,始终站在历史正确的一边、站在人类文明进步的一边,为世界发展和人类进步事业作出了重要贡献。[1] 新时代坚持实事求是,就是要深入分析局部与整体的关系,增强战略思维和国际视野,注重将中国发展与世界发展、国内市

---

[1] 中共中国社会科学院党组:《深刻领会"六个必须坚持",继续推进实践基础上的理论创新》,《求是》2023年第3期。

实事求是

场与国际市场、中华民族共同体与人类命运共同体的关系审视好、把握好。

坚持胸怀天下,在时空思维要求上就是要相互贯通。习近平总书记强调:"必须坚持胸怀天下。中国共产党是为中国人民谋幸福、为中华民族谋复兴的党,也是为人类谋进步、为世界谋大同的党。"[①] 因此,我们要注重将中国发展与世界发展有效贯通起来,要注重将古代治理与现代文明贯通起来,深刻洞悉发展趋势。这就要求我们从五千多年中华文明史中来思考中华民族的前途命运,要善于从五百多年世界社会主义发展史的脉络中来认识社会主义运动的发展趋向,更要从中国近代以来一百八十多年奋斗史中来把握以中国式现代化推进中华民族伟大复兴的前进方向,还要从一百多年党团结带领人民革命、建设、改革的历程中来把握实现千秋伟业的历史使命,这一系列的维度,充分展现了"思接千载、视通万里"的科学思维,是我们观察审视当代中国和当今世界的大逻辑、大视野。

坚持胸怀天下,就是要积极构建人类命运共同体。事物是普遍联系的,世界是多姿多彩的。"各美其美,

---

① 习近平:《高举中国特色社会主义伟大旗帜 为全面建设社会主义现代化国家而团结奋斗——在中国共产党第二十次全国代表大会上的报告》,《人民日报》2022年10月26日。

美人之美。"文明多样性是世界发展的活力和动力之源。我们应在发展中注重秉持"尊重差异,包容多样"的理念,实现"美美与共,天下大同"。团结号召全人类共同关心"世界怎么了,我们怎么办"的世界时代之问。关于如何构建人类命运共同体,习近平总书记主张世界各国坚持对话协商,建设一个持久和平的世界;坚持共建共享,建设一个普遍安全的世界;坚持合作共赢,建设一个共同繁荣的世界;坚持交流互鉴,建设一个开放包容的世界;坚持绿色低碳,建设一个清洁美丽的世界。[①]坚持和平、发展、公平、正义、民主、自由的全人类共同价值,用正确的人类价值取向引领人类命运共同体建设行动。

---

① 参见中共中央宣传部编:《习近平新时代中国特色社会主义思想学习纲要》,人民出版社2019年版,第219—220页。

第七章　自觉坚定实事求是的信念、增强实事求是的本领

能否做到始终坚持实事求是，对我们党和党的事业至关重要。发展中国特色社会主义是一项长期的历史任务，进入新时代，我们的任务更加艰巨，面对的挑战更加严峻，这对我们能否始终贯彻执行党的实事求是思想路线提出了更高的要求。而要做到坚持实事求是，必然离不开正确的思想方法和工作方法。新时代领导干部，面向全面建设社会主义现代化国家、以中国式现代化推进中华民族伟大复兴的使命任务，必须继承和弘扬党的实事求是的传家宝和优良作风，坚定马克思主义理想信念和中国特色社会主义事业发展信心，系统掌握马克思主义科学世界观和方法论，系统掌握贯穿习近平新时代中国特色社会主义思想之中的世界观和方法论，系统掌握坚持实事求是的思想方法、领导方法和工作方法，切实增强践行实事求是的本领，提升运用实事求是的水平。

第七章 自觉坚定实事求是的信念、增强实事求是的本领

一、坚定实事求是的信念

理想是人们在实践中形成的具有实现可能性的对未来的向往和追求，是人们的世界观、人生观和价值观在奋斗目标上的集中体现。信念是人们在一定的认识基础上确立的对某种思想或事物坚信不疑并身体力行的态度。坚持实事求是，就要充分认识理想信念的地位和作用，坚定马克思主义理想信念是坚持实事求是的本源。一个领导干部要做到实事求是，必须要系统掌握马克思主义理论的世界观和方法论，必须持之以恒接受马克思主义党性锤炼，必须稳固思想之基、补足精神之钙。

（一）夯实马克思主义理论功底

马克思指出："理论一经掌握群众，也会变成物质力量。理论只要说服人，就能掌握群众。"[①] 理论学习滋养理想信念。强化理论学习，筑牢理想信念教育的思想根基。党员干部思想上清醒与坚定的前提和保证就是要坚持理论上的清醒与坚定。实践表明，中央国家机关始终坚持以马克思主义中国化的最新理论成果

---

① 《马克思恩格斯全集》第一卷，人民出版社1956年版，第460页。

武装头脑，以理论自信坚定共产主义理想信念。理想信念能给人以明确的人生方向和无穷的战斗力量，鼓舞人的斗志，甚至能激发人们为之献身的勇气。共产党人的根本政治信仰是社会主义和共产主义，世界观是马克思主义的辩证唯物主义和历史唯物主义，这是任何时候都不能有丝毫动摇的。加强党员干部的理论修养，是坚定理想信念之基，也是提高理论指导实践的能力所需。领导干部无论在党校学习还是在平时工作中学习，都要高度重视理论学习，自觉提高政治水平和理论水平。"理论修养是干部综合素质的核心，理论上的成熟是政治上成熟的基础。"[1]实事求是体现了马克思主义哲学的根本观点，是对马克思主义哲学辩证唯物主义和历史唯物主义的高度概括。做到实事求是，首先要修好马克思主义理论必修课。

马克思主义理论是我们立党立国的根本指导思想，是全国各族人民团结奋斗的共同思想基础。加强理论学习，对领导干部而言，更是掌握看家本领、履职尽责的必修课。习近平总书记在全国宣传思想工作会议上强调，领导干部学习理论也要有这三种境界。这三

---

[1] 习近平：《坚守党校初心　努力为党育才为党献策》，《人民日报》2023年3月2日。

第七章　自觉坚定实事求是的信念、增强实事求是的本领

种境界,从志存高远的卓越追求,到坚定信念、矢志不渝的艰辛探索,再到柳暗花明后的豁达与从容,体现了知、行、得三者的有机统一,不仅是对治学,也是对人生的深刻感悟。

坚持实事求是的理念,就要求我们特别是领导干部,一定要加强理论学习,将马克思主义作为理论学习的必修课常修课,全面系统掌握贯穿其中的马克思主义立场观点方法,不断夯实马克思主义理论功底。

(二)增强马克思主义党性锤炼

习近平总书记指出:"领导干部一定要加强党性修养,坚持一切以人民利益和党的事业为重,这是坚持实事求是的思想基础。敢不敢坚持实事求是,考验着我们的政治立场,考验着我们的道德品质,始终是领导干部党性纯不纯、强不强的一个重要体现。要做到实事求是,不仅要有正确的思想方法和工作方法,还必须有公而忘私和不计个人得失的品格。所以,领导干部必须带头加强党性修养,带头践行全心全意为人民服务的根本宗旨,为了人民利益敢于坚持真理、修正错误,自觉为党分忧、为国尽责、为民奉献,以坚强的党性来保证做到实事求是。"[①] 也就是说,广大党

---

① 习近平:《坚持实事求是的思想路线》,《学习时报》2012年5月28日。

实事求是

员干部要做到实事求是,就必须要坚定理想信念,加强党性修养,树立正确的世界观人生观价值观,就必须要养成良好的品格,养成共产党员应有的德行。这种品格和德行就是公而忘私和不计个人得失。《共产党宣言》中明确写道:"共产党人不是同其他工人政党相对立的特殊政党。他们没有任何同整个无产阶级的利益不同的利益。"① 一直以来,无数共产党员之所以能够公而忘私,就在于他们有着崇高的信仰。虽然越是崇高的信仰,越是难以达到,但也越能给予人强大的力量。在崇高的信仰面前,任何个人私利都不值一提。因此,各级党员干部要不断筑牢信仰的根基,坚持实事求是,努力做到公而忘私。党员干部能否做到不计个人得失,反映出一个人的政绩观是坚持人民利益至上还是个人得失至上。事实上,有的人为了谋取自己私利,有可能罔顾事实甚至颠倒黑白,这就会造成公共利益的受损。对此,习近平总书记强调:"干事创业一定要树立正确政绩观,做到'民之所好好之,民之所恶恶之'。要求真务实、真抓实干,做工作自觉从人民利益出发,决不能为了树立个人形象,搞华而不实、劳民伤财的'形象工程'、'政绩工程'。"②

---

① 《马克思恩格斯文集》第四卷,人民出版社1991年版,第3页。
② 《习近平谈治国理政》第二卷,外文出版社2017年版,第144页。

第七章　自觉坚定实事求是的信念、增强实事求是的本领

习近平总书记指出："理想信念就是共产党人精神上的'钙'，没有理想信念，理想信念不坚定，精神上就会'缺钙'，就会得'软骨病'。"① 面对新常态下的挑战，党员干部要通过加强修养来补"钙"，保持与时俱进的精神品质，增强坚定坚决的政治自觉；要坚守科学发展的政治定力，坚定改革创新的信心、决心和信念；要牢固树立遵法守法的责任意识，增强克服困难、厉行法治的行为自觉；要通过加强理论修养来培养时代精神、与时俱进，提高专业能力。要实现这些目标，关键还是要加快思想理论水平的先进性改造。我们党的先进性，根本源于思想理论的先进性。

（三）不断提高辩证思维能力

习近平总书记指出："学习掌握唯物辩证法的根本方法，不断增强辩证思维能力，提高驾驭复杂局面、处理复杂问题的本领。'事必有法，然后可成。'我们的事业越是向纵深发展，就越要不断增强辩证思维能力。当前，我国社会各种利益关系十分复杂，这就要求我们善于处理局部和全局、当前和长远、重点和非

---

① 习近平：《紧紧围绕坚持和发展中国特色社会主义　学习宣传贯彻党的十八大精神——在十八届中共中央政治局第一次集体学习时的讲话》，《人民日报》2012年11月19日。

重点的关系，在权衡利弊中趋利避害、作出最为有利的战略抉择。"① 这段话深刻指出了增强辩证思维、提高驾驭全局的辩证思维能力的重要作用。提高辩证思维能力，最根本的在于通过阅读马列经典著作学习和掌握其中的哲学方法，更加自觉地坚持和运用唯物辩证法。

在实际工作中，在得与失的价值选择中，正确处理目的和手段、全局和局部等各种复杂关系。阅读马列经典著作对于广大党员干部树立正确世界观、人生观和价值观，提高辩证思维能力，掌握科学的思想方法和工作方法，进而正确分析问题、解决问题和推动工作具有重大意义。广大党员干部一定要原原本本、认认真真研读马列经典著作，尤其是要熟练掌握精髓要义，通过不断学习理论、自觉阅读经典，以树立崇高的价值观和坚定的理想信念，从而避免利益因素的制约，更加自觉地坚持唯物辩证法，以接受哲学智慧的滋养和掌握辩证思维的规律，从而打牢马克思主义理论功底，在解放思想和实事求是中努力提高辩证思维能力。

---

① 习近平:《辩证唯物主义是中国共产党人的世界观和方法论》，《求是》2019年第1期。

第七章　自觉坚定实事求是的信念、增强实事求是的本领

二、树牢实事求是的作风

邓小平同志曾开门见山地强调实事求是的作风。他指出:"培养好的风气,最主要的是走群众路线和实事求是这两条。特别是科学,它本身就是实事求是、老老实实的学问,是不允许弄虚作假的。"①

（一）坚持按客观规律办事,反对主观主义

毛泽东同志指出:"研究问题,忌带主观性、片面性和表面性。"② 这里的主观性指的是不知道客观地看问题,即不知道用唯物的观点去看问题。片面性指的是不知道全面地看问题,即不了解矛盾各方的特点。表面性指的是不去看矛盾总体和矛盾各方的特点,否认深入事物内里的精细地研究矛盾特点的必要。"这样的做法,没有不出乱子的。中国的教条主义和经验主义的同志们所以犯错误,就是因为他们看事物的方法是主观的、片面的和表面的。片面性、表面性也是主观性,因为一切客观事物本来是互相联系的和具有内部规律的。人们不去如实地反映这些情况,而只是片

---

① 《邓小平文选》第二卷,人民出版社1994年版,第57页。
② 《毛泽东选集》第一卷,人民出版社1991年版,第312页。

面地或表面地去看它们,不认识事物的互相联系,不认识事物的内部规律,所以这种方法是主观主义的。"①主观主义产生的原因,从实践论的角度看,是不懂得实践经验在认识中的本质作用;从矛盾论的角度看,则是不善于分析矛盾的特殊性。因此,作为主观主义相反面的实事求是,是一种科学的马克思主义觉悟。②毛泽东同志认为:"凡真理都不装样子吓人,它只是老老实实地说下去和做下去……无产阶级的最尖锐最有效的武器只有一个,那就是严肃的战斗的科学态度。共产党人不靠吓人吃饭,而是靠马克思列宁主义的真理吃饭,靠实事求是吃饭,靠科学吃饭。"③ 毛泽东同志还指出:"这种反科学的反马克思列宁主义的主观主义的方法,是共产党的大敌,是工人阶级的大敌,是人民的大敌,是民族的大敌,是党性不纯的一种表现。"④ 主观主义的实质就是经验主义,不是从事物的本来面目出发,而是从主观经验出发分析问题解决问题。唯物论要求我们,要坚持实事求是,就必须要按照客观事物的本来面目来分析问题和解决问题,一切

---

① 《毛泽东选集》第一卷,人民出版社1991年版,第312—314页。
② 秦燕、刘顿:《论实事求是的四种实践理性精神》,《西北大学学报》(哲学社会科学版)2018年第4期。
③ 《毛泽东选集》第三卷,人民出版社1991年版,第835—836页。
④ 《毛泽东选集》第三卷,人民出版社1991年版,第800页。

第七章　自觉坚定实事求是的信念、增强实事求是的本领

从实际出发，避免主观主义。在实事求是的过程中，既要坚持唯物主义的认识论，又要坚持唯物辩证法。只有学会并善于分析矛盾的特殊性，才能求得事物的"真实"，即规律性。可以说，能否坚持实事求是，能否按客观规律办事，这是决定我们的工作特别是领导工作有无主动权和得失成败的关键所在。

（二）坚持在"务实"上做文章，反对形式主义

习近平总书记指出："形式主义实质是主观主义、功利主义，根源是政绩观错位、责任心缺失，用轰轰烈烈的形式代替了扎扎实实的落实，用光鲜亮丽的外表掩盖了矛盾和问题。"[1] 习近平总书记的《干在实处走在前列——推进浙江新发展的思考与实践》一书，生动诠释了习近平同志主政浙江期间坚持实事求是、强调求真务实的作风。他分别用四副春联阐释了求真务实的深刻内涵、主要途径、基本要求和根本目的。这四副春联的横批都是"求真务实"。

第一副春联是"求客观实际之真，务执政为民之实"，讲的是求什么真、务什么实的问题。总书记给了我们明确的答案，求真就是要追求和探寻客观实际的

---

[1] 中共中央党史和文献研究院、中央"不忘初心、牢记使命"主题教育领导小组办公室编：《习近平关于"不忘初心、牢记使命"论述摘编》，中央文献出版社、党建读物出版社2019年版，第189页。

真相、客观事物发展的规律；务实就是要秉持为人民服务的要求，增进人民福祉。

第二副春联是"深化理论武装求真谛，深入调查研究重实际"，讲的是怎么求真、怎么务实的问题。大兴调查研究之风是很有必要的。陈云同志一生注重深入群众调查研究，在充分尊重群众意愿基础上谋划决策。他曾说："领导机关制定政策，要用百分之九十以上的时间做调查研究工作，最后讨论作决定用不到百分之十的时间就够了。"[1]

第三副春联是"狠抓工作落实动真格，加快浙江发展务实效"，讲的是如何做到求真、如何做到务实的问题。"不受虚言，不听浮术，不采华名，不兴伪事。"这才是求真务实的基本要求。

第四副春联是"高度关注民生系真情，坚持为民谋利出实招"，讲的是求真为了谁、务实为了谁的问题。因此，要从根本上破除形式主义，就必须始终坚持实事求是的工作要求，坚持问题导向，多注重一些内容，少在意一些形式，求真务实做事，踏踏实实做人。要牢固树立和落实群众观点和群众路线，既要用心，也要用情，更要用实际行动，去倾听群众的呼声，

---

[1] 习近平：《在纪念陈云同志诞辰110周年座谈会上的讲话》，《人民日报》2015年6月13日。

第七章　自觉坚定实事求是的信念、增强实事求是的本领

了解群众的需要，解决群众的困难，让群众感受到新变化新成效，实现并维护好最广大人民根本利益。

"空谈误国，实干兴邦。"我们的所有成就都是干出来的。这里的关键，就是始终注重抓落实。如果落实工作抓得不好，再好的方针、政策、措施也会落空，再伟大的目标任务也实现不了。

（三）坚持理论联系实际，反对教条主义

教条主义又称本本主义，其危害是理论与实践脱离。唯物辩证法告诉我们，必须要用发展的眼光看问题，做到"一把钥匙开一把锁"，因地制宜、对症下药，不能简单地教条式地照抄照搬，更不能简单化一刀切地分析问题解决问题。毛泽东同志深刻指出："马克思、恩格斯、列宁、斯大林的理论，是'放之四海而皆准'的理论。不应当把他们的理论当作教条看待，而应当看作行动的指南。不应当只是学习马克思列宁主义的词句，而应当把它当成革命的科学来学习。不但应当了解马克思、恩格斯、列宁、斯大林他们研究广泛的真实生活和革命经验所得出的关于一般规律的结论，而且应当学习他们观察问题和解决问题的立场和方法。"[1] 邓小平同志也指出："不打破思想僵化，不

---

[1] 《毛泽东选集》第二卷，人民出版社1991年版，第533页。

大大解放干部和群众的思想，四个现代化就没有希望。"① 江泽民同志进一步指出："我们决不能停留在对马克思主义的某些原则、某些本本的教条式理解上，或者停留在对社会主义的一些不科学的甚至扭曲的认识上，或者停留在那些超越社会主义初级阶段的不正确的思想上，而必须用辩证唯物主义和历史唯物主义的世界观、方法论去分析和解决问题，使思想适应发展变化的新形势。"②

在具体工作中，采取什么样的方法和方略，不能唯书唯上，而是需要根据唯物辩证法，坚持理论联系实际，具体问题具体分析，审时度势，因时而异，因势利导，因地制宜。也就是说，我们在认识事物的时候要始终坚持具体问题具体分析的基本原则，把分析问题和解决问题的整个过程都放到具体事物的具体条件中去考察，避免教条主义的"刻舟求剑"式的思维方式。习近平同志在福建宁德工作期间，探索实践的"四下基层"（"信访接待下基层、现场办公下基层、调查研究下基层、宣传党的方针政策下基层"）的工作制度，是领导干部高度重视干部作风、着力摸清发展

---

① 《邓小平文选》第二卷，人民出版社 1994 年版，第 143 页。
② 中共中央文献研究室编：《十四大以来重要文献选编》（上），中央文献出版社 2011 年版，第 34 页。

家底、廓清发展思路、理清发展对策的实践典范。这充分凸显了对调查研究工作的极端重视，为掌握闽东地区贫困的特点、采取有针对性的脱贫措施提供了制度保障。

（四）坚持自我革命，反对官僚主义

官僚主义最大的危害便是脱离群众。密切联系群众是中国共产党最大的政治优势，但仍有一些党员干部眼睛只向上看，不向下看，远离群众，脱离群众，对群众疾苦视若无睹，对群众利益麻木不仁，严重影响了党群干群关系的和谐，其实质就是官僚主义作风在作怪。我们要充分认识到官僚主义作风的危害，持之以恒正风肃纪，坚决反对一切官僚主义。各级党组织要坚持以上率下，从自身做起，勇于自我革命，自觉摒弃官僚主义的陈规陋习和错误思想。对那些触碰纪律"红线"，特别是顶风违反政治纪律、政治规矩的党员干部严肃问责，使全体党员知敬畏、存戒惧、守底线，使得党不断自我净化、自我完善、自我革新、自我提高，保持党的先进性和纯洁性。

（五）坚持集体主义，反对个人主义

实事求是的目标是实现人民的集体利益。"建设社会主义是一个动态过程，绝非静态，因而，在这个过程中凡是支持并努力为社会主义建设伟大事业贡献的任何人、任何阶级、阶层应该也必须属于人民之范畴。"① 要提倡和贯彻集体精神，就要积极同个人主义和享乐主义作斗争。毛泽东同志深刻地觉察到个人主义在解决中国问题上的实践软弱性和逻辑矛盾性。与之相反，实事求是不仅有逻辑统一性秩序的内在张力，而且具有道德统一性秩序的内在张力。它所体现的唯物史观具有从社会、阶级、集体的视域呈现个人存在和价值的内在理论要求。进入新时代，习近平总书记也再次警醒广大领导干部："在官僚主义方面，主要是脱离实际、脱离群众，高高在上、漠视现实、唯我独尊、自我膨胀。"②

三、掌握实事求是的方法

（一）身心兼至搞好调查研究

坚持实事求是的关键方法在于一切从实际出发，坚持一切从实际出发的根本在于深入调查研究。实事求是的原则忠实地继承了马克思主义的批判精神。实

---

① 转引自秦燕、刘顿：《论实事求是的四种实践理性精神》，《西北大学学报》（哲学社会科学版）2018 年第 4 期。
② 《习近平谈治国理政》，外文出版社 2014 年版，第 369 页。

第七章　自觉坚定实事求是的信念、增强实事求是的本领

事求是是一切实际工作的切入点。正如恩格斯所说："原则不是研究的出发点,而是它的最终结果。"① "共产主义不是学说,而是运动。它不是从原则出发,而是从事实出发。"② 习近平总书记也多次明确指出:"重视调查研究,是我们党在革命、建设、改革各个历史时期做好领导工作的重要传家宝。马克思主义的辩证唯物主义、历史唯物主义世界观和方法论,党的实事求是的思想路线,党的从群众中来、到群众中去的根本工作路线,都要求我们的领导工作和领导干部必须始终坚持和不断加强调查研究。只有这样,才能真正做到一切从实际出发、理论联系实际、实事求是,真正保持党同人民群众的密切联系,也才能从根本上保证党的路线方针政策和各项决策的正确制定与贯彻执行,保证我们在工作中尽可能防止和减少失误,即使发生了失误也能迅速得到纠正而又继续胜利前进。"③ 调查研究是我们的传家宝,是我们把握工作实际、制定正确路线方针政策,从而有效解决发展中的种种问题、维护并实现好最广大人民群众根本利益的重要法宝。从根本意义上讲,调查研究的过程就是实事求是

---

① 《马克思恩格斯文集》第九卷,人民出版社 2009 年版,第 38 页。
② 《马克思恩格斯全集》第四卷,人民出版社 1958 年版,第 311 页。
③ 习近平:《谈谈调查研究》,《学习时报》2011 年 11 月 21 日。

的过程。要做好调查研究,就必须要着眼实际、勤于实践,要解放双脚、走出屋子,要眼睛向下、深入群众和实地调研,只有这样才能真正掌握更贴合实际的信息和情况。要做好调查研究,就必须要全面深入,不可马马虎虎、走走过场、流于形式,在实际工作中要始终秉持实事求是的基本原则,坚持以问题为导向,在调查研究过程中不断地发现问题、分析问题和解决问题。要做好调查研究,关键是要做到"心至"。所谓"心至",就是要心里真的装着老百姓,真心实意地做到体民情、询民意、解民忧,想老百姓之所想,急老百姓之所急,切实地去了解和解决老百姓的困难和需求。

一是在调查研究中锤炼党性修养。调查研究是领导干部提高党性修养、改造主观世界的实践方式。把调查研究与加强党性修养相联系,突出调查研究在领导干部改造自身主观世界方面的功能,是我们党调查研究思想的基本内容之一。党性修养说到底是树立与坚持正确的立场和世界观的问题。领导干部在调查研究中坚持哪种立场、观点、方法,从根本上决定了调查者能看到什么不能看到什么、对看到的现象如何归纳整理概括、对概括到的问题如何分析、对矛盾如何认识等。马克思主义立场、观点、方法,若仅仅停留

第七章　自觉坚定实事求是的信念、增强实事求是的本领

在口头上、书本里，那绝不是坚持马克思主义。深入群众的调查研究，是党员领导干部提高党性修养、改造主观世界的重要实践方式。

二是在调查研究中坚持实事求是原则。调查研究不能走形式，一定要坚持实事求是原则，有一是一、有二是二。既要到工作局面好的和先进的地方去总结经验，又要到困难较多、情况复杂、矛盾尖锐的地方去研究问题，如此才能及时了解新情况、发现新问题。调查研究是调查后开展研究然后得出结论，我们不能定了调子、拿着结论下去调研，以求所谓的"佐证"，而是要在深入细致的调查之后，系统分析、精准研判、实事求是地作出调研结论。基层机关和群众也要营造讲真话、讲实话和讲心里话的良好氛围，善于向上级反馈真实情况，避免上级采用暗访暗查等不利于了解全面情况但又不得不采用的形式开展调研，最终耽误基层工作，拖延基层问题，有损人民利益。

三是在调查研究中践行人民至上理念。领导干部要多花时间访农户、拉家常，到田间话收成，进工厂谈转型。要听得群众的顺耳话，听懂群众的逆耳话，听取群众的刺耳话。进行调查研究时，要轻车简从，简化接送，甚至可以事先不确定详细调查路线，善于搞"突然袭击"，做"自选动作"，必要时可以抛开

"样板"看实景,撇开"模型"查实情。毛泽东同志1930年在寻乌县搞调研时,直接与各界群众开调查会,掌握大量的第一手材料;用脚步丈量调研的长度,用真心沟通调研的深度,深入群众,倾听他们的心声,体察他们的情绪,感受他们的疾苦,总结他们的首创,吸取他们的智慧。周恩来同志开展调研也"约法四章",其中最重要的就是不能撇开人民群众搞调研。只有我们与群众交真心、动真情,群众才会跟我们说实话、道实情。要带着感情下去、带着责任下去、带着问题下去,放下架子、沉下身子,虚心向群众求教,千方百计与群众打成一片,切实通过调查研究解决人民群众最关心最直接最现实的利益问题,尤其对群众最盼、最急、最忧、最怨的问题,要主动调研、抓住不放,这样才能听到实话、获得真知、收到实效。

四是在调查研究中推动科学民主决策。习近平总书记曾形象地比喻说,调查研究就像"十月怀胎",决策就像"一朝分娩"。调查研究的过程就是科学决策的过程,千万省略不得、马虎不得。进入新时代,面对新矛盾,我们确定与改革发展稳定全局相互交织、与人民群众切实利益息息相关的重大决策和重大举措时,刻舟求剑不行,闭门造车不行,异想天开更不行。反思当前存在的一些决策针对性不够和对策可操作性不

第七章　自觉坚定实事求是的信念、增强实事求是的本领

强的问题，其根源在于缺少高质量的调查研究，或者只调查不研究，导致了"情况不明决心大，心中无数点子多"的状况。因此，推进科学民主决策，必须进行全面深入的调查研究，着力提升调研质量，不断增强调研实效。

（二）善用"解剖麻雀"典型引路

典型引路法就是选择一个典型性样本进行深入的调查研究和探索试验，从中归纳提炼出具有示范性意义的经验、规律，作为推进同类工作的基本依据，这是创新性工作常有的基本工作方法。[①] 典型引路法深刻地体现了辩证唯物法关于个性与共性、特殊性与普遍性辩证统一的原理。在全面深化改革的今天，运用典型引路法，就是要通过调查研究典型、推动工作运用典型、改革试点复制典型，努力形成"一花开后百花香"的可喜局面。

习近平总书记系列重要讲话中也蕴藏着十分深厚的典型引路法的原理和实践要求，是我们理论学习和工作推进的重要工具。2002年，时任福建省省长的习近平同志专门到晋江开展典型调查，通过深入细致的调查研究，将学术界提出的"晋江模式"重新概括为

---

① 王昌荣等：《"工作十法"干部读本》，浙江人民出版社2014年版，第83页。

实事求是

"晋江经验"①，此后，"晋江经验"在福建省遍地开花。坚持和发展"枫桥经验"②是习近平运用典型引路法的又一成功典范。习近平同志在主政浙江时提出，要充分珍惜、大力推广、不断创新"枫桥经验"，习近平同志在前人研究成果的基础上，对"枫桥经验"进一步归纳概括，赋予"枫桥经验"新的时代特征和内涵。习近平总书记充分肯定了调查研究、典型引路在全面深化改革中的重要的方法论意义。以习近平同志为核心的党中央，以建立上海等自贸区等探索性的"解剖麻雀"来探索试验可复制可推广的改革开放新鲜经验，为推动全方位的对外开放格局积累可复制可推广的经验，就是典型引路法的真实写照和完美运用。

人们常说："窥一斑而知全豹"，"落一叶而知天下

---

① "晋江经验"：2002年6月，时任福建省省长的习近平同志在晋江调研，总结了"晋江经验"，并对新时期创新"晋江经验"，加快晋江、泉州和全省发展提出明确要求。纵观改革开放30多年晋江的发展历程，大致经历了三个阶段，实现了三大转变，推动了三次跨越，在这发展历程中，"晋江经验"也随之形成、发展、提升，内涵更加丰富、更加完善。在"晋江经验"的基础上形成的"晋江精神"，是一种敢为人先、爱拼善赢的发展激情，一种比学赶超、奋力争先的发展氛围，一种与时俱进、创先创优的发展理念，一种注重统筹、力求协调的发展方法。

② "枫桥经验"：20世纪60年代初，浙江省诸暨市枫桥镇干部群众创造了"发动和依靠群众，坚持矛盾不上交，就地解决。实现捕人少，治安好"的"枫桥经验"，对此，1963年毛泽东同志就曾亲笔批示"要各地仿效，经过试点，推广去做"。"枫桥经验"由此成为全国政法战线一个脍炙人口的典型。之后，"枫桥经验"得到不断发展，形成了具有鲜明时代特色的"党政动手，依靠群众，预防纠纷，化解矛盾，维护稳定，促进发展"的枫桥新经验，成为新时期专门工作与群众路线相结合的典范。

第七章 自觉坚定实事求是的信念、增强实事求是的本领

秋"。人们正是从这"一斑""一叶""一雀"中进而认识到事物的全体。这就启示我们,"解剖麻雀"是认识事物和推动工作的好方法。"解剖麻雀",首先,要做具体深入细致的调查。解剖一只"麻雀",就是解剖一个具体的个体;解剖一只"麻雀",就是深入一个事物内部结构;解剖一只"麻雀",就是细致地分析一件事物。没有具体深入细致的调查,就不可能具体深入细致地了解事物,就没有对该事物的发言权。其次,要研究问题的典型性。"解剖麻雀",可以获得第一手的材料,获得宝贵的感性认识。在"解剖麻雀"、掌握第一手材料的基础上,我们就可以进一步进行分析研究,找出一件事情的原因、问题、对策,并举一反三,融会贯通,在典型性与普遍性之间建立起相应的联系,并思考典型性背后的普遍意义,以及推广模式和方法。最后,要认识事物的发展规律和本质。我们通过"解剖麻雀",不光是为了了解"麻雀"的内在构造,更是为了掌握这些构造背后的生活习性和活动规律,同样,我们研究事物的现状和存在的问题,不能只停留在认识当前状况和当下问题上,而是要透过特殊性认识事物发展的规律性和本质性,才能彰显"解剖麻雀"的最大价值。

（三）走好群众路线服务人民

坚持实事求是就要始终坚持群众路线。群众路线是我们党的根本工作路线，贯穿于党的全部工作中，是我们党践行根本立场、制定正确决策和把握历史规律的重要工作方法。群众路线和实事求是的思想路线在本质上是统一的。首先，群众路线主张的"从群众中来，到群众中去"，坚持了马克思主义认识论和唯物史观的基本观点，集中体现了实事求是这一基本方法；其次，群众路线本质上体现的是马克思主义政党坚持人民至上的根本政治立场，只有坚持这一立场，我们才能做到实事求是，才能把握历史前进的基本规律，而只有按历史规律办事，我们才能无往而不胜。[1]

毛泽东同志创造性地提出"只有人民，才是创造世界历史的动力"[2]，"必须明白：群众是真正的英雄"[3]。他还深刻指出："有无群众观点是我们同国民党的根本区别，群众观点是共产党员革命的出发点与归宿。"[4] 习近平同志多次强调："得民心者得天下，失民

---

[1] 董振华、谷瑶宝：《论实事求是的思想路线》，《理论学刊》2020年第5期。
[2] 《毛泽东选集》第三卷，人民出版社1991年版，第1031页。
[3] 《毛泽东选集》第三卷，人民出版社1991年版，第790页。
[4] 《毛泽东文集》第三卷，人民出版社1993年版，第71页。

第七章 自觉坚定实事求是的信念、增强实事求是的本领

心者失天下,人民拥护和支持是党执政的最牢固根基。"① "人心向背关系党的生死存亡。"② 因此,所有工作只有围绕人民大众这一核心,全心全意地去为人民服务,才是"党之所是""民之所是",才是"国家之所是"。为了达到实事求是,毛泽东同志不仅揭示了调查研究的重要性和目的,而且在长期的实践中创造了一整套科学的调查研究的方法,成为实事求是的重要理论组成部分。

毛泽东同志在《关于领导方法的若干问题》中指出:"在我党的一切实际工作中,凡属正确的领导,必须是从群众中来,到群众中去。这就是说,将群众的意见(分散的无系统的意见)集中起来(经过研究,化为集中的系统的意见),又到群众中去作宣传解释,化为群众的意见,使群众坚持下去,见之于行动,并在群众行动中考验这些意见是否正确。然后再从群众中集中起来,再到群众中坚持下去。如此无限循环,一次比一次地更正确、更生动、更丰富。这就是马克思主义的认识论。"③ 毛泽东同志强调:"下决

---

① 习近平:《在党的群众路线教育实践活动总结大会上的讲话》,《人民日报》2014年10月9日。
② 习近平:《深入扎实开展党的群众路线教育实践活动 为实现党的十八大目标任务提供坚强保证》,《人民日报》2013年6月19日。
③ 《毛泽东选集》第三卷,人民出版社1991年版,第899页。

实事求是

心长期下去蹲点,就能听到群众的呼声,就能从实践中逐步地认识客观真理,变为主观真理,然后再回到实践中去,看是不是行得通。如果行不通,则必须重新向群众的实践请教。这样就可以解决框框问题,即教条主义问题了,就可以不信迷信了。"① 可见,依靠群众,深入群众调查研究,才能掌握群众急难愁盼的生计诉求和发展心声,才能做到实事求是为人民服务。

实事求是的过程便体现了追求正确事实判断和合理价值判断的逻辑统一。实事求是是我们党科学的思想方法,其实质就是一切从实际出发,探索事物的本质和规律,因而实事求是的过程就是求真的过程。为人民服务是社会主义的最高价值准则,其实质就是把人民群众的根本需要和根本利益作为一切工作和决策的出发点和归宿,因而为人民服务的过程就是求善的过程。从根本意义上讲,实事求是的过程就是为人民服务的过程,实事求是与为人民服务是内在统一的。一方面,只有坚持实事求是才能作出正确的事实判断,只有作出正确的事实判断我们才能真正做到为人民服务;另一方面,只有坚持为人民服务才能作出合理的

---

① 《毛泽东文集》第八卷,人民出版社1999年版,第324页。

第七章　自觉坚定实事求是的信念、增强实事求是的本领

价值判断，只有作出合理的价值判断我们才有实事求是的勇气和动力。正如习近平总书记所指出的："我们要牢牢把握我国发展的阶段性特征，牢牢把握人民群众对美好生活的向往，提出新的思路、新的战略、新的举措，继续统筹推进'五位一体'总体布局、协调推进'四个全面'战略布局，决胜全面建成小康社会，夺取中国特色社会主义伟大胜利，为实现中华民族伟大复兴的中国梦不懈奋斗。"① "牢牢把握我国发展的阶段性特征"就是坚持实事求是作出正确的事实判断，"牢牢把握人民群众对美好生活的向往"就是坚持为人民服务作出合理的价值判断。这两个"牢牢把握"，就是坚持正确的事实判断与合理的价值判断的统一、合规律性和合目的性的统一、真与善的统一，这是我们进行伟大实践、取得伟大胜利的基本前提。

习近平总书记指出："人民是历史的创造者，是决定党和国家前途命运的根本力量。"② "一切为了群众，一切依靠群众，从群众中来，到群众中去，把党的正确主张变为群众的自觉行动"③ 的党的群众路线，充分

---

①　《习近平谈治国理政》第二卷，外文出版社2017年版，第59页。
②　习近平：《决胜全面建成小康社会　夺取新时代中国特色社会主义伟大胜利——在中国共产党第十九次全国代表大会上的讲话》，《人民日报》2017年10月28日。
③　习近平：《在纪念毛泽东同志诞辰120周年座谈会上的讲话》，《人民日报》2013年12月27日。

体现了马克思主义群众观的价值主体和实践主体,展现了党的群众工作方法的历史经验和智慧结晶,是我们党的生命线和根本工作路线。

习近平总书记以人民为中心谋划中国特色社会主义,同时坚持以人民为中心推进中华民族伟大复兴中国梦的实现。人民是实现中华民族伟大复兴中国梦的主体力量。《习近平谈治国理政》的开篇之作就是《人民对美好生活的向往,就是我们的奋斗目标》。这充分彰显了习近平总书记深厚的人民情怀,充分体现了对人民群众历史创造者地位和首创精神的尊重,充分体现了不忘初心、牢记使命,为中国人民谋幸福、为中华民族谋复兴的时代担当,充分体现了民为邦本和政得其民的执政初心。习近平总书记强调:"中国梦归根到底是人民的梦,必须紧紧依靠人民来实现,必须不断为人民造福。"① 习近平总书记将推进中国特色社会主义进入新时代与不断实现人民群众对美好生活的向往、不断实现中华民族伟大复兴有机结合起来。

习近平总书记是贯彻马克思主义群众观和党的群众路线的典范。他在地方工作时就十分注重依靠群众

---

① 《习近平谈治国理政》,外文出版社 2014 年版,第 40 页。

第七章　自觉坚定实事求是的信念、增强实事求是的本领

工作法开展工作，并练就了依靠群众、团结群众、联系群众和服务群众的真本领和硬功夫。习近平总书记对经典读本中关于人民群众是历史的创造者的马克思主义群众观有着深刻的认识，专门发表了《略论〈关于费尔巴哈的提纲〉的时代意义》①，深刻阐释了人民群众在建立和完善社会主义市场经济体制、探索社会主义与市场经济的基本规律和相互结合的基本路径方面的主观能动性等问题，彰显出其中蕴藏的深厚的民为邦本、尊重群众的时代情怀。习近平总书记深刻指出："群众的实践是最丰富最生动的实践，群众中蕴藏着巨大的智慧和力量。"② 习近平总书记要求全党密切联系群众，保持党同人民群众的血肉联系，并作出了一系列重要论述。这些都集中体现了习近平总书记心系群众、造福群众的深厚感情。无论是在河北正定带领群众摆脱贫困，还是在福建、浙江、上海干在实处、走在前列，抑或是担任中央总书记后开展为民务实清廉为主题的党的群众路线教育实践活动，一路走来，带着对各族群众首创精神的无限尊重，带着为人民执政、为群众服务的责任担当和历史使命。

---

① 参见习近平：《略论〈关于费尔巴哈的提纲〉的时代意义》，《中共福建省委党校学报》2001年第9期。
② 习近平：《之江新语》，浙江人民出版社2007年版，第61页。

实事求是

群众工作法要求我们牢固树立马克思主义群众观，站稳群众立场，贴近群众感情，维护群众利益，增进群众福祉。最重要的是要从习近平总书记关于做好群众工作的重要论述中吸取养分，在躬身实践中增强榜样力量，认真践行党的群众路线。关键是要做到以下三个方面的要求。一是要增进群众感情。基层干部不能就工作而工作，而应该通过经常性地深入群众，为群众排忧解难，培养与群众的感情，了解群众的生活状态，掌握基层的第一手资料，这样才能在以后的工作中有针对性地作出正确的判断，掌握群众工作的主动性。二是真心对待群众。正如习近平总书记说的那样："做群众工作要将心比心，换取真心。"[1]

毛泽东同志认为调查的对象是中国的国情，调查的内容是人民群众的实践。因此，他一再告诫全党，一定要注意"眼睛向下，不要只是昂首望天"，要调查研究而"没有满腔的热忱，没有眼睛向下的决心，没有求知的渴望，没有放下臭架子、甘当小学生的精神，是一定不能做，也一定做不好的"，"群众是真正的英雄，而我们自己则往往是幼稚可笑的，不了解这一点，就不能得到起码的知识"[2]。因此，调查研究、走访接

---

[1] 习近平：《之江新语》，浙江人民出版社 2007 年版，第 146 页。
[2] 《毛泽东选集》第三卷，人民出版社 1991 年版，第 789—790 页。

第七章 自觉坚定实事求是的信念、增强实事求是的本领

待群众切忌以干部的身份,这样会使群众产生距离感;要以一个朋友、一名老乡的身份倾听群众的诉求,重在平时、重在交心,踏实做好群众工作,不要把群众工作作为推动工作的临时性工作,而是要形成与群众打交道、拉家常的长效机制。三是要解决群众诉求。群众提出的每一个诉求,干部都要重视并正确处理对待,能现场解决的要当场解决答复;不能现场解决的,要给群众一个明确的办理时期,并在规定的期间内向群众回复办理结果。对于部分历史遗留问题,难以在一时间得到妥善解决的问题,应多向群众耐心解释,取得群众的理解和认同。

后 记

实事求是是中华优秀传统文化的重要精髓，也是马克思主义的根本观点。在推进马克思主义中国化的过程中，中国共产党人对中华优秀传统文化中的实事求是理念进行创造性转化、创新性发展，在百年历史征程中创造了辉煌伟业。实事求是已成为党的基本思想方法、工作方法、领导方法，广大党员领导干部要把坚持实事求是作为终身的必修课常修课，不断增强实事求是的本领，推进中华民族伟大复兴。

作为省级党校的教职工，我们每天上班一进校门，"实事求是"四个大字，映入眼帘，熠熠生辉，时刻提醒着我们坚持一切从实际出发、实事求是的思想路线，提醒着我们时刻铭记党校"实事求是"的校训。

本书由中央党校哲学教研部副主任董振华教授、中共广西区委党校胡建华教授共同确定研究思路、制定研究大纲、拟定研究内容，由胡建华领衔主撰完成，并承担全书的组织、审稿、定稿任务。全书共七章，各章节分工如下：胡建华承担第一、二、三、四、五

后 记

章的撰写任务，陆鹏协助承担第六章的撰写任务，吕勇协助承担第七章的撰写任务。

本书编写撰稿过程中，参考借鉴了许多同行专家学者的学术论著和研究成果，重点参考借鉴了董振华教授《论实事求是的思想路线》等篇目的观点，同时，本书编辑出版过程中还得到了中央党校哲学教研部、商务印书馆等有关单位的大力支持，再次致以衷心感谢。

由于作者水平和写作时间有限，难免存在疏漏和不足之处，敬请学界同仁和广大读者批评指正。

胡建华
2023 年 2 月
广西南宁

图书在版编目(CIP)数据

实事求是 / 胡建华著. —北京：商务印书馆，2023
（道理学理哲理·党的创新理论研究阐释丛书 / 董振华主编）
ISBN 978-7-100-22285-3

Ⅰ.①实… Ⅱ.①胡… Ⅲ.①中国共产党—思想路线—研究 Ⅳ.①D261

中国国家版本馆CIP数据核字（2023）第062108号

权利保留，侵权必究。

道理学理哲理·党的创新理论研究阐释丛书
实事求是
胡建华 著

商 务 印 书 馆 出 版
（北京王府井大街36号 邮政编码100710）
商 务 印 书 馆 发 行
北京通州皇家印刷厂印刷
ISBN 978-7-100-22285-3

| 2023年4月第1版 | 开本 850×1168 1/32 |
| 2023年4月北京第1次印刷 | 印张 7¼ |

定价：49.00元